榜样的力量

科学家的成长故事

齐心 主编

文心出版社
·郑州·

图书在版编目（CIP）数据

科学家的成长故事 / 齐心主编. —郑州：文心出版社，2020.5（2023.6 重印）

（榜样的力量）

ISBN 978-7-5510-1996-5

Ⅰ. ①科… Ⅱ. ①齐… Ⅲ. ①科学家－生平事迹－世界－青少年读物 Ⅳ. ① K816.1-49

中国版本图书馆 CIP 数据核字（2019）第 149534 号

科学家的成长故事 | **齐心 主编**

选题策划：齐占辉
责任编辑：齐占辉
责任校对：吴月梅
装帧设计：李莱昂
出版发行：**文心出版社**
（郑州市郑东新区祥盛街 27 号　邮政编码 450016）
印　　刷：河南新华印刷集团有限公司
经　　销：各地新华书店
开　　本：710×1000　1/16
字　　数：250 千
印　　张：11.5
版　　次：2020 年 5 月第 1 版
印　　次：2023 年 6 月第 5 次印刷
书　　号：ISBN 978-7-5510-1996-5
定　　价：25.00 元

名家寄语

“榜样的力量”，以通俗的故事打动人，
以细腻的文字感染人，以榜样的力量引导人。
读“榜样的力量”，做新时代出彩少年。

崔喜梅

——河南省少年儿童图书馆馆长 崔喜梅

榜样是一种力量，彰显进步；
榜样是一面旗帜，鼓舞斗志；
榜样是一座灯塔，指引方向；
榜样是一种精神，需要传承。
读“榜样的力量”，做新时代标兵！

马保民

——《作文》杂志社主编 马保民

在读《丑小鸭》时，我的心被深深地打动了……当白天鹅从天空飞过时，丑小鸭是什么感觉呢？他感到一种说不出的兴奋，他爱他们，好像之前他从来没有爱过什么东西似的。

亲爱的孩子，当我看到“榜样的力量”这套丛书时，就不禁想起了那幅动人的画面。我们生活在大地上，却需时常仰望天空。我们过着平凡的生活，却总向往着美好的远方。如果我们有如白天鹅那样的榜样，我们会不会如丑小鸭那般拼命游动？

打开这套书吧，就像看到白天鹅在飞翔，随后，我们也会明白自己努力的方向。

——儿童文学作家　王钢

未来有多美，取决于与谁同行。未来有多大成就，有多大进步和提升，取决于我们有没有榜样、以谁为榜样。榜样，就是我们未来要成为的样子。榜样的力量是无穷的，一旦确定了自己的人生榜样，我们就会爆发出无穷的潜力。因为，榜样是我们前行的指路明灯，是我们奋进的牵引动力。我们承接着榜样的爱和力量，承接着他们的智慧，并把它传递下去。爱由此流淌，力量由此传递，智慧由此传承。

——“微课传奇”家庭教育导师、“听见花开”读写推广人　范新霞

榜样从不发号施令，却拥有着最让人信服和想要遵从的力量。读“榜样的力量”，更加纯粹地去拥抱未来。

——知名儿童绘本插画师　皮痞祖

文字讲述故事，榜样催人奋进，理想使人丰满，奋斗改变命运。每一个时代的青少年都需要“榜样的力量”，鼓舞人心，引领方向，从而活出精彩自我，抵达富有魅力的人生境界。

——河南省青少年作家协会副主席兼秘书长　王河涛

榜样是一个人心中的标杆，它会让我们在不知不觉中摒弃许多不好的东西，来做更好的自己。遇见“榜样的力量”，让孩子们在《文学家的成长故事》里爱上阅读，用文学丰盈内心；在《艺术家的成长故事》里学会欣赏，用艺术审视生活；在《科学家的成长故事》里崇尚创新，用科学造福人类；在《军事家的成长故事》里汲取能量，用勇敢征服世界。

——郑州师范学院副教授、中小学读写教育专家　时红明

榜样的力量是无穷的，尤其是对青少年而言，学习榜样，更会对他们养成良好的行为习惯，树立正确的人生观、价值观、世界观产生深远影响。愿每一位少年都能读到这套书，汲取榜样力量，成就幸福人生。

——2015“阅读改变中国·年度点灯人”、“彩虹花和阅汇”发起人　时朝莉

一路走来，曾经把无数的人当作自己的榜样，去追随，去效仿；自己也做过别人的榜样，努力让自己做得更好，以不辜负别人的那份期待。天暗下去，你就是光，大概这就是榜样存在的意义了。愿每个少年人在人生成长的路上都能遇到自己的那束光，在长大后也能成为别人眼中的那束光。

——“米家共读”领读人、小作家训练营发起人 齐占辉

这是一套有温度的图书，书中的故事，或催人奋进，或发人深省，或动人肺腑……让我们一起感受榜样力量，憧憬美好未来！今天，榜样不断激励你；明天，你将成为最好的自己！

——青年作家、“金笔作文”首席讲师 余永亮

一个个饱含力量的榜样，一股股激励初心的力量，一盏盏照亮方向的心灯，鼓舞着、砥砺着、温暖着打开这套书的你我。

——《故事家》杂志主编、“功成作文”创始人 王功成

时光流转，书里的榜样却依旧在思想的夜空中熠熠生辉，如恒星般等待着新的注目者。每一个榜样的力量，都源远流长。

——儿童文学作家、编剧、新概念作文大赛两届获奖者 王秋声

不管是偶像、明星还是伟大的榜样，每个人从小都有一个心中的superstar（超级明星）。或许他只是做了他应该做的事，但他的才华、努力、坚强、成就……给了你指路的明灯，也给了你永恒的阳光，给你源源不断的力量……感谢榜样，也感谢你自己，榜样成就了他自己，也塑造了优秀的你。

——内蒙古大学副教授、冰心儿童文学奖获得者 安宁

科学家是怎样炼成的

科 学 家 的 必 备 素 养

序言

愿你眼中有光，心中有梦

我上小学二年级时，哥哥上小学五年级。哥哥也就大我三岁而已，可我总觉得上五年级的是大哥哥大姐姐。突然有一天，在放学路上，哥哥的同学对着他一声声地喊“榜样，榜样”。时隔多年，对那些人为何喊哥哥“榜样”我已没多少印象，但听到哥哥被我眼中的大哥哥大姐姐称为“榜样”，并且还大声地当众喊出来，当时我那油然而生的崇拜之情至今记得清楚。

事实证明，“榜样哥哥”成了我人生路上的榜样，给予我不少指引与力量。彼时年少，不懂榜样的意义；如今回头，才知一个人心中若有榜样，或者身边有榜样一样的人，该是多么值得庆幸的一件事。

成年之后，在“榜样哥哥”的指引下，我实现了心中所愿，成了一名编辑，主编杂志，策划图书，在行业内小有名气。不管外面的世界如何喧嚣，我独坐一隅，安静地做着自己喜欢的工作，不急不躁，没有想着会成为谁的榜样，只想以自己喜欢的方式过一生。

可是，不知道从何时起，我常常听到一些声音，这些声音来自世界各地——

有的是十几岁的孩子，对我说：“我长大后想成为你的样子。”

有的是刚刚走出人生低谷的成年人，对我说：“天暗下来，你就是光。”

有的远在国外，对我说：“谢谢你在我坚持不下去时给了我前行的勇气。”

有的是一路陪伴，从学生到后来做了老师，对我说：“不管我是什么样的角色，你都在给我温暖和力量。”

…………

原来，这些年我不管是编辑杂志、策划图书，还是写字出书，连我自己都不知道，我用文字影响了那么多的人。

尤其是在我主编励志杂志之后，十余年来，它不但改变了读者，也大大地改变了我。正因为我在杂志里所编辑的每一篇文章、写过的每一个句子，都是阳光的、向上的、积极的、明亮的，我所刊登的每一个人物都具有榜样的品质。

与其说我是终日与文字打交道，不如说我是与榜样在用别样的方式交流。“近朱者赤，近墨者黑”，先人说过的话不无道理。

所以，这套“榜样的力量”（一套4册），我虽然没有花费十余年的精力去打造它，但书中所选的榜样却是由古至今，从文学家、艺术家到科学家、军事家，每一个人物，不，每一个榜样身上所具备的优秀品质，都让我钦佩不已。

文学家的勤学好问、刻苦钻研、百折不挠、意志坚定、锐意进取、坚持不懈……

艺术家的追逐梦想、疯狂痴迷、顽强不屈、放飞想象、保持天真、追求美好……

科学家的严谨认真、精益求精、发展创新、勇于探索、坚定不移、矢志不渝……

军事家的爱国至上、博大情怀、运筹帷幄、决胜千里、视死如归、威武不屈……

编写的过程中，不是没有遗憾，我自问：短小的故事何以撑得起这些影响世人的榜样？也许，我们不能记住他们光辉的一生，但我们完全可以撷取其中的一瞬，还有这一个又一个的优秀品质。

除此之外，我还有遗憾，小时候家庭条件有限，想读书却藏书不多，如果小时候就能读到这些榜样的故事该有多好，他们一定像星星一样，照耀着我前行的脚步，使我走得更远。

所以，编写尚未完工，我便和这套书的责编前往河南省少年儿童图书馆，迫不及待地与孩子们分享这些榜样的故事，以便让孩子们更早地知道榜样，了解榜样，然后在榜样的故事中获得力量。在分享会现场，孩子们听得津津有味，有的孩子积极举手，讲出一两个榜样的故事。我清楚地看到，他们讲故事时，眼睛里是有着光芒的。我竖起大拇指给他们点赞，并表扬他们说“一看就是爱读书的孩子”。带他们来参加分享会的班主任也说，这些孩子的作文也写得不错。

就像我在分享会上说的那样：我们最终有可能成为不了文学家、艺术家、科学家、军事家，但只要肯学习这些榜样具备的优秀品质，我们的人生根本不会差到哪儿去！当然，小小年纪说人生太远，我们单说作文，只要在习作里对这些榜样的故事善加运用，就会为你的作文增添无数闪光点。

分享会结束时，孩子们纷纷写出对榜样所要说的话，我想，哪怕他们的文字再稚嫩，下笔的那一瞬，他们的内心也都是阳光的、向上的、积极的、明亮的。

只因为，那一刻，他们的心和榜样在一起。

如今，我和哥哥早已不再是少年，但庆幸的是，我和哥哥都成了他人眼中的榜样。如果你问我成为榜样的经验，我只有一句话：与榜样同行。所以，请接受我真诚的祝愿：愿你眼中有光，心中有梦，成就自己，影响他人。

齐心

目录 MULU

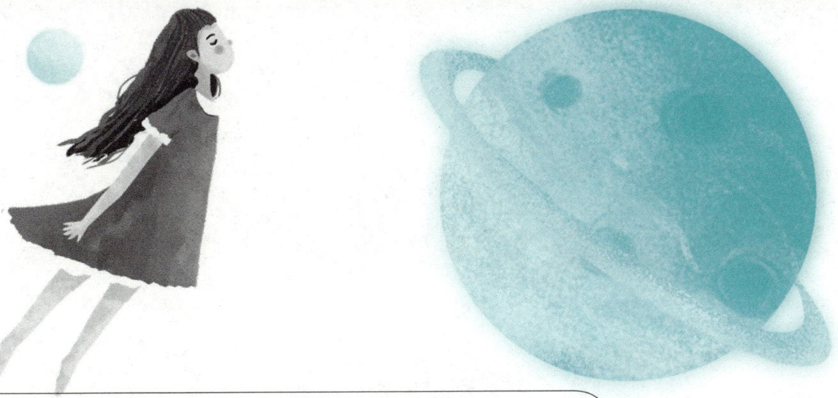

本书导读

榜样为孩子们树立标杆，
以一股无形的力量引导孩子们
树立远大志向，
并在奔赴梦想的成长道路上，
不忘初心，砥砺前行。

★ 鲁班［生卒年限不详］ 阅读关键词：兴趣为师

籍贯不详

成就：中国木匠的祖师爷，一生中有过很多发明创造。木工方面，发明了曲尺、墨斗、刨子、锯子等；兵器方面，发明了云梯、钩强等；家用工具方面，发明了石磨、碾子等。另外还发明有雨伞、滑轮、木鸟等。

玩出名堂的鲁班

鲁班原名公输般，因为他是春秋时期的鲁国人，后人又称他为“鲁般”，惯称“鲁班”。

鲁班出身于世代工匠的家庭，总有做不完的木匠活儿，鲁班自是从小就围绕在父亲身边，看着父亲做家具。小孩子天生爱玩，小时候的鲁班也不例外。但是，小鲁班的玩可不是毫无目的的，而是每天花很多的时间模仿父亲去做木工。他试着用树枝搭房子，用废料垒小桥，用树根雕小动物……有时一玩就是一整天，连吃饭都忘记了。邻居见鲁班整天摆弄这些东西，都认为他没出息，但鲁班的母亲却不这么认为，反而鼓励鲁班去做自己喜欢做的事，积极地开动自己的脑筋，增长自己的才干。得了母亲肯定的小鲁班，玩得更起劲儿了。

随着年龄增长，鲁班会帮父亲做些力所能及[①]的工作。鲁班发现，父亲做工用的工具实在是太简陋了，用起来既费时又费力。每次累极时，鲁班就向父亲埋怨工具的笨重。父亲生气地说：“工作哪有不累的？这些工具都是祖辈流传下来的，你要觉得笨重，就自己去做些既高效又省力的工具啊。”

听了父亲的话，从小就爱琢磨的小鲁班还真就开始思考起来。有一次，鲁班上山砍柴时，一不小心，手竟被一种植物的叶子划伤了，这个叶子立刻引起了鲁班的注意。鲁班看到，这种叶子长长的，表面很平滑，边缘却很硬，上面还长着倒立的刺，自己的手就是被那些刺给划伤的。受此启发，鲁班经过反复思索、多次实验，最终还真就发明了一种像叶子边缘一样锋利又带刺儿的工具——锯子。

他兴高采烈[②]地将做好的工具拿给父亲看，父亲正忙着，不愿理他。小鲁班就亲自试用给父亲看。嗬，神了！还真的既高效又省力了很多。父亲惊喜不已，对自己的儿子是连连夸赞。得到了父亲的表扬，小鲁班开心极了，从此，更是不分昼夜[③]地思考如何改造、发明工具，乐此不疲[④]。后来，他又发明了墨斗。有墨斗来协助测量，父亲做出来的家具既规整又好看。从此，更多的人到他家来做家具，家里的生意越来越好，名气也就更大了。

有一年，父亲被邀请去很远的地方做活儿，没想到一病不起，最后竟病死在了他乡。母亲要带着鲁班赶去奔丧，可路途太远，鲁班担心母亲走不了那么远的路，就连夜进行设计，制造出了一种车子。这种车子和普通车子一样由木料制成；但鲁班在车上安装了踏板，连接车轮。只要脚踩踏板，车子就能不断向前。小鲁班让母亲坐在这种新车上，一路脚踩踏板，既快速又省力，很快就赶到了父亲的身边。

父亲去世，鲁班接过养家糊口的重担。他一生做木匠，同时又涉足建筑工程。无论工作多忙，他都会思考不停。他一生中发明很多东西，为人类造福不浅，不仅被后世的木匠尊称为“祖师爷”，还被更多人视作勤劳、智慧的化身。

好词解释

①力所能及：自己的能力所能办到的。

②兴高采烈：兴致高涨，情绪热烈。

③不分昼夜：不分白天和黑夜。

④乐此不疲：因喜欢做某件事而不知疲倦。形容对某事特别爱好而沉浸其中。也说乐此不倦。

精彩句段分析

邻居见鲁班整天摆弄这些东西，都认为他没出息，但鲁班的母亲却不这么认为，反而鼓励鲁班去做自己喜欢做的事，积极地开动自己的脑筋，增长自己的才干。

可以试想：如果没有母亲的坚持与鼓励，小鲁班在邻居们“都认为他没出息”的氛围中成长，会有什么成就。每个孩子，甚至每个人都有自己不同的活法与价值体现的方式。而所谓的英才大多数恰恰是与众不同的。有梦想，就要坚持自我，坚定必胜的信念。

阅读收获

因为受父亲的影响，鲁班从小便对工具制作产生浓厚的兴趣。在兴趣的驱使下，他勤于思考，反复琢磨。因为有兴趣，他更愿意为之付出辛苦与努力。兴趣是最好的老师。孩子们在成长的过程中，都应该尽早地发现自己的兴趣点。

读后问一问

你目前最大的兴趣爱好是什么？你愿意为它付出你的辛苦与努力吗？

★墨子 [约前 468—前 376]　阅读关键词：兼爱众生

河南商丘人

成就：中国古代思想家、教育家、科学家、军事家，墨家学派创始人和主要代表人物。创立了以几何学、物理学、光学为突出成就的一整套科学理论。

先做人后做事的墨子

我国成功发射的第一颗量子科学实验卫星，名字为“墨子号”。墨子，就是那个在两千多年前已为今天的量子通信技术打下了基础的人。

墨子，本名墨翟，出生在我国春秋战国之际的宋国。墨家祖上也算是贵族，只是经过时代变迁，在墨翟出生时，家里基本上已是一贫如洗[1]了。因为家里穷，墨翟从小只能跟着父亲学认一些字。父亲虽识字不多，但活了大半辈子的他越来越懂得知识的重要性，他不辞辛苦[2]地做工挣钱，一直想把儿子送进学堂，以便系统地学习知识。

那时候，在宋国东北边的鲁国，儒学特别兴盛，人人争相学习儒家文化。父亲为了让墨翟能早日学习到这种优秀文化，最后决定，举家搬到鲁国去。一家人到了鲁国，父亲四处找活儿干，最后找到一份编织草鞋和竹筐的工作；为早日给儿子挣到学费，更是没日没夜地操劳。墨翟虽年纪小，但也懂得父亲如此辛苦是为了谁，就跟着父亲学做工。由于他爱动脑筋，编出的东西不仅花样繁多还坚固耐用，一时间，父子二人编织的东西，竟成了抢手货。

等挣够学费正式入学时，墨翟已是一个 13 岁的少年。老师教他学“六艺”，但墨翟觉得这些知识没什么实用性，就不太喜欢；他对注重人的动手实践能力的学科更感兴趣。老师发现了墨翟的这个偏科问题，当时并没有多说什么。

有一次，老师带墨翟去染布坊进行实地学习，他先让墨翟观察布匹是怎样染成的。墨翟对工匠们的劳作很感兴趣，就认真地研究起工匠们的操作流程及使用的工具来。正当他看得聚精会神[3]的时候，老师突然问：“孩子，看到了吗？这些丝绢原本都是雪白的，但如果把它们放进黑色染料中，它们就成了黑的；如果放进黄色染料中，它们就成了黄的。其实，做一个什么样的人跟染出什么颜色的布也是一样的，二者唯一的不同之处就是，丝绢是被人放进染料里的，而如何做人则完全是人自己做出的选择。”

聪明的墨翟很快明白了老师的意思，他知道老师是在告诫他，要想把事做好，就必须先把人做好，做人比做事更重要。从那以后，墨翟也就不排斥对礼学的学习了，尽力地汲取儒家文化里做人要有“仁爱之心”的思想。

只是，穷苦人出身的墨翟最终还是非常不喜欢儒家文化里那些太过烦琐的礼仪，尤其是厚葬死者的规矩，他觉得这些东西对于贫穷的百姓来说，简直是百害而无一利的。多年之后，墨翟自己创立了墨家学派，摒弃了儒家文化里的繁文缛节[4]，但保留了“爱”的核心。墨子在自己的一生中，有着无数的发明与创造，但他的每一项发明、每一项研究，都是出于一颗仁爱之心。兼爱天下，成了他一生追求的做人做事的最基本的准则。

好词解释

①一贫如洗：形容穷得一无所有，就像被水冲过一样。

②不辞辛苦：辞，推辞。虽然劳累和辛苦也不推辞。形容工作勤奋努力。

③聚精会神：集中精神；集中注意力。

④繁文缛节：烦琐而不必要的礼节，也泛指烦琐多余的事项。也说繁文缛礼。

精彩句段分析

墨子在自己的一生中，有着无数的发明与创造，但他的每一项发明、每一项研究，都是出于一颗仁爱之心。兼爱天下，成了他一生追求的做人做事的最基本的准则。

兼爱天下，是墨子精神也是墨家文化的核心。因为对众生心怀仁爱，所以墨子才摒弃了儒家文化里的繁文缛节，自创了墨家学派；因为对众生心怀仁爱，所以墨子的每一项新发明都是为了广大民众。

阅读收获

读了墨子的故事，我们懂得了无论创立什么样的学派，唯有出于一颗仁爱之心，才能为大众所接受。一个科学家，唯有出于一颗仁爱之心，才能做出真正的成就，才能为世人所尊崇。

读后问一问

墨子为什么不喜欢学习儒家文化？

★ 扁鹊［生卒年限不详］ 阅读关键词：仁爱之心

河北任丘人（一说山东济南人）

成就：战国时医学家，擅长各科。创立“望闻问切”四诊法，奠定了中医学的切脉诊断法基础，开启了中医学的先河。

扁鹊学医

扁鹊，原名秦越人，战国时期著名的医学家。因为他医术高超，被认为是神医，所以人们就借用了上古神话中神医“扁鹊”的名号来称呼他。

战国时期的人们还大都很迷信，生了病也极少找医生，只知求神灵保佑。扁鹊有两个哥哥，医术还不错，但并不能为家里带来多少收入。但受哥哥们的影响，扁鹊还是喜欢上了医学。只是，为多挣些钱贴补家用，小小年纪的他还是听从父母的安排，到离家不远的一家旅馆里做了一名打工仔。

开门做生意，迎接四方客。在客人中有一个名叫长桑君的老人。长桑君是一名医生，为多挣些收入，尽管上了年纪，依然经常游医四方。他每次来扁鹊家乡行医时，都会暂住在扁鹊打工的这家旅馆。长桑君衣着寒酸，其他伙计都不愿照顾这样的客人，但小扁鹊却非常喜欢这位老人，每次只要长桑君一来，他都给予无微不至①的照顾。

有一天，长桑君把扁鹊叫到跟前说：“孩子，谢谢你这几年这么细心地照顾我。如果你真心想跟我学医，我给你个建议：离开这嘈杂的市井，到深山里转转，先学着采药去吧。采药是行医之人的基本功，如果你能受得了采药的艰辛，一年之后再来见我吧。”

听到长桑君这番话，扁鹊喜出望外[2]，第二天一大早，便带着工具出发了。他翻过一座座高耸入云的山峰，穿过一片片遮天蔽日的密林，风餐露宿[3]，历尽艰辛。不知不觉，一年过去了，他不仅发现并采集到了许多新药材，还完全掌握了药材的生长习性及采挖的规律和技能。

长桑君见扁鹊满载而归[4]，只是微微一笑，又说：“你还要去民间给人们切脉，完不成五千例就不要回来见我。”

扁鹊二话没说，背起药箱开始奔走四方。他为各种各样的人切脉，从脉象的变化中细细揣摩人体病症。当完成任务回来时，他才发现长桑君不幸中风偏瘫，右半身已无法动弹。

扁鹊不顾旅途劳累，赶紧给长桑君烧水煮饭、熬汤煎药。晚上，他端来热水蹲到床前给长桑君洗脚。正洗着，长桑君左脚一蹬，盆子被踢翻，水浇湿了扁鹊的衣服、鞋子。扁鹊也不在意，又忙着安顿长桑君入睡。没想到，长桑君又一口老痰不偏不倚吐到了扁鹊脸上。扁鹊仍然不急不躁，默默地掏出手帕把痰擦掉了。

夜深了，长桑君把扁鹊唤至床前说：“孩子，你已经经受住了三次考验：上山采药，对你识药用药大有好处；切脉问诊，对你断病治病很有帮助；今天，我又亲眼看到你对病人体贴入微，胜似亲人。作为一个好医生必须具备的三点，你都有了。现在，我可以放心了。”说完，老人从枕头下摸出自己珍藏多年的医书，小心翼翼地交给了扁鹊。

从此，扁鹊边攻读边实践，医术提高得更快了。

好词解释

①无微不至：至，到。没有一处细微的地方不照顾到。

②喜出望外：指因遇到意外的喜事，心中非常高兴。

③风餐露宿：风里吃饭，露天睡觉。形容旅途或野外工作的辛苦。

④满载而归：原指装得满满的回来，形容收获很大；也可以形容学术上取得很大的成就。

精彩句段分析

上山采药，对你识药用药大有好处；切脉问诊，对你断病治病很有帮助；今天，我又亲眼看到你对病人体贴入微，胜似亲人。作为一个好医生必须具备的三点，你都有了。

这是长桑君对扁鹊跟着他学医经历的总结，也是对整篇文章主要内容的总结，更是让读者从中知晓，学医不仅要医术高超，还要有一颗爱人之心。

阅读收获

扁鹊学医的故事告诉我们一个真理，那就是：能被世人称作“神医”，绝不仅仅是因为他的医术高超，更重要的原因是，他必须要有一颗善良、仁爱的心。

读后问一问

你能复述一下扁鹊跟着长桑君学医的三段经历吗？这三段经历都分别表现出了扁鹊哪方面的品质？

★蔡伦 [约 62—121] 阅读关键词：勤于思考

湖南郴州人

成就：东汉造纸术发明家。总结以往造纸经验，革新造纸工艺，制成“蔡侯纸”，被纸工奉为造纸鼻祖、“纸神”。造纸术被列入中国古代“四大发明”。

勤于思考的蔡伦

蔡伦是我国东汉时期著名的发明家。他出生在一个普通的农民家庭，从小就跟随父亲一起种田。蔡伦相当聪明，做什么事情都很勤快，大人们都非常喜欢他。

汉章帝即位后，派人到各地挑选才貌俱佳的少年到皇宫里做太监，小蔡伦就被选中了，并开始在洛阳宫中接受各种培训。虽然当时已经 15 岁的他还大字不识一个，但爱思考的他学习得非常认真，因此，很快就能读书、写字了。仅仅一年时间，蔡伦就正式成了宫中的黄门侍郎。

黄门侍郎是宦官中职位较低的职务，负责宫内外公事的传达。后来，窦皇后废除宋贵人儿子的太子地位，立自己的养子刘肇为太子。阴差阳错[1]，小蔡伦竟在这一场宫廷斗争中起到了关键性的作用。所以，汉章帝一死，10 岁的刘肇登基成了汉和帝，窦皇后也成了窦太后之后，蔡伦很快就被提拔为中常侍，陪伴在年幼的皇帝左右。

趁此机会，平时就喜欢动脑筋、搞些小发明的蔡伦向皇帝请示，给他安排一项负责监管宫内御用器物制造的工作。从此，蔡伦经常与工匠们接触，劳动人民的精湛技艺和创造精神对他产生了很大的影响。

那时候还没有便于书写的纸，字不是写在竹简、木片上，就是写在丝帛上，但竹简和木片因太笨重不易携带，而丝帛又因为太昂贵不可能大量生产，蔡伦便决定研究造纸的方法。

其实，在蔡伦之前，也曾有人试图制造出既轻便好用又成本低廉的写字材料来，但无一例外全失败了。决心造纸的蔡伦，先是利用职务上的方便，时常到作坊里进行技术调研，虚心向每一个能工巧匠②学习，学习他们多年积累的丰富经验。除此之外，他还认真总结了西汉以来的所有失败的造纸经验，积极从中总结教训。

终于，一种实用的造纸法被勤于思考的蔡伦发现。他让人取来树皮、碎布、麻头和破渔网等，把这些东西切断、剪碎，然后放水中浸泡，直到所有原材料都变得很软，再用力捣成浆状，然后蒸煮，最后在席子上摊成薄片，这样经过阳光照射晒干以后，直接从席子上取下来，纸张就制成了。

因为采用的原料来源广泛，有的原材料还可以废物利用，所以蔡伦造出的纸价钱非常便宜。而且，用这种方法造出来的纸又薄又轻，很适合写字，因而受到人们的欢迎。从此，全国各地都开始用这种方法造纸。纸张也逐渐取代了竹简、木片和丝帛，并一直沿用了下来。

造纸术是我国古代的“四大发明”之一，是中华民族对世界文明做出的巨大贡献。纸的大量生产，以及以后印刷术的出现，使纸本书籍成为传播文化的最有力工具，大大促进了文化的传播和交流，深刻地影响着世界文明历史的进程。

好词解释

①阴差阳错：比喻由于偶然的因素而造成了差错。

②能工巧匠：指工艺技术高超的人。

精彩句段分析

他让人取来树皮、碎布、麻头和破渔网等，把这些东西切断、剪碎，然后放水中浸泡，直到所有原材料都变得很软，再用力捣成浆状，然后蒸煮，最后在席子上摊成薄片，这样经过阳光照射晒干以后，直接从席子上取下来，纸张就制成了。

这段文字很详细地介绍了蔡伦造纸的过程。其中用到了很多动词，这使文字显得十分生动形象，又把纸张的生产过程详尽细致地描写了出来。

阅读收获

全文通过对蔡伦积极探索、多番试验，最终造出“蔡侯纸”的故事讲述，使我们明白：要积极学习与探索，同时要总结前人经验与教训，才能做出一番成就，才能更好地服务于社会。

读后问一问

你知道我国古代影响了世界文明进程的“四大发明”分别是什么吗？

★ 张衡 [78—139] 阅读关键词：博闻强识

河南南阳人

成就：东汉科学家、文学家，精通天文历算。创制世界上最早利用水力转动的浑象和测定地震方位的候风地动仪。首次正确解释月食现象。绘制中国第一幅较完备的星图。制造有指南车、鼓车和飞行数里的木鸟。

数星星的孩子张衡

张衡是我国东汉时期伟大的天文学家、数学家、发明家、地理学家、文学家，他的名字已经和他发明的浑天仪、地动仪一起被载入世界科技史册。

公元 78 年，张衡出生于如今河南省的南阳。从小，张衡就有个特殊爱好——数星星。每到满天星星的夜晚，小张衡总会站在院子里，数着浩瀚无边的夜空中那一闪一闪的星星。

从刚会走路起，小张衡就是奶奶的小尾巴，无论奶奶走到哪里，后面总会有小张衡的影子。他总是缠着奶奶让给他讲故事。在这些故事中，小张衡最喜欢的是北斗七星和月亮的传说了。他总是一边抬头望着天空中眨眼的星星，一边听奶奶讲，还不时地问奶奶：“星星怎么不会像苹果一样掉下来呢？星星害怕下雨吗？……”对于孙子的这些奇怪的问题，奶奶当然回答不上来，这让小张衡越发觉得浩瀚的夜空里会有无数宝藏，同时也在他幼小的心灵里埋下了无数好奇的种子。从奶奶那里得不到答案，小张衡就去急切地读书，他希望能从书中找到自己想要的答案。

张衡 10 岁那年，奶奶和父亲相继去世，生活变得艰难起来，但母亲还是坚持让他在书馆读书。小张衡深知读书的机会来之不易，因此学习的时候异常刻苦。不久，小张衡做的诗便常常会受到老师的夸奖。为增长知识，小张衡博览群书[1]。一天，他看到一本叫《鹖冠子》的书，被书中按北斗星定季节的内容深深吸引。从此，他再仰望星空的时候，就特别注意观察北斗星的变化，日积月累，竟发现北斗星是在围绕着一个中心转，一年转一圈。

随着一天天长大，张衡的知识也越来越丰富了，但他仍不满足。17 岁那年，为增长自己的学识，他对母亲说："常言说，见多才能识广，多走一些地方，才能多看到一些东西。我想要离家远游，遍访天下名师。"

知子莫若母，母亲自然不会阻拦。张衡便义无反顾[2]地上路了。一路上，他寻访古迹，调查各地风土人情、地矿物产，把亲眼所见、亲耳所闻与书本上的知识加以对照，以丰富自己的学识。到了洛阳，他结识了很多志同道合[3]的朋友，他们在一起研究数学、天文、历法等。他从这些朋友处又借阅到很多难得一见的经典书，废寝忘食地苦读着。后来，张衡把自己这段游历的见闻写成了名作《二京赋》，近万言的篇幅浑然天成[4]，详尽描绘了汉之东京洛阳、西京长安的宫廷、市井生活，场面宏大，文风典雅，刻画生动准确，同时又具有很强的讽谏意义，在形式和内容上都把汉赋推向了一个高峰。但文学对于张衡来说，仅仅是捎带，他更多的兴趣还是在自然科学的研究上。

好词解释

①博览群书：广泛阅览众多图书。

②义无反顾：为了正义而勇往直前，绝不犹豫退缩。

③志同道合：志向相同，道路一致。形容彼此理想、志趣相合。

④浑然天成：浑然，完整不可分割的样子。形容诗文结构严密自然，用词用典毫无斧凿痕迹。

精彩句段分析

常言说，见多才能识广，多走一些地方，才能多看到一些东西。我想要离家远游，遍访天下名师。

这是张衡离家“游学”的理由，也是一个勇敢无畏、向往知识的少年的誓言。唯有见多了才能识广。然而，这“见”并非一定是要像张衡一样“离家远游”。如今的我们，家里的藏书你都读过吗？各种新的学习途径层出不穷，我们是否又真的为知识做到孜孜以求了呢？

阅读收获

张衡不仅仅是科学家，还是很多个“家”，绝对算得上是人们眼中的全能型人才。为什么他能“全能”？究其原因，还在于他的博闻。在他眼中，各学科的知识就像散布在浩瀚天空里的星星，他喜欢数星星，更喜欢广泛涉猎而不知疲倦。

读后问一问

数一数自己都有哪些兴趣爱好。你打算如何兼顾这么多的兴趣爱好呢？

★华佗 [? —208]　　阅读关键词：意志坚定

安徽亳州人

成就：中国的“医圣”，古代医学的奠基者。创用麻沸散进行麻醉。创制五禽戏，强调体育锻炼。他的医学经验在我国医学史上有承前启后的重要地位。

华佗学医

华佗出生在东汉末年，父亲是一位教书先生，母亲养蚕织布，一家人的生活还算稳定。只是，东汉末年的乱世彻底打破了这种平静。

东汉末年，朝廷无能，战乱四起，百姓九死一生。死的人多了，瘟疫就像洪水一样开始泛滥，每家每户都是担惊受怕，再不敢让自家孩子去学堂，华佗的父亲也就没有了收入。一筹莫展[1]的父亲很快就急得一病不起，不久就丢下年幼的华佗去世了。尽管有母亲在操劳，但在那样的年代，人们连温饱都无法保证，哪还有多少人购买她织的布呢？原本幸福的一家人很快就走到了穷途末路[2]。母亲每天以泪洗面。

看到母亲伤心的样子，小华佗就对母亲说，城里有一位蔡医生是他父亲的朋友，他可以进城拜师，这样不仅可以给人治病，还可以挣些钱接济家里。母亲只好同意了。

华佗来到城里，找到蔡医生，将自己要拜师学医的来意说了一遍，并且说了家里的情况。蔡医生看着华佗，半天没有说话。虽说眼前的这个孩子是朋友的儿子，但孩子实在太瘦小，学医那么辛苦，他能不能吃得消？而且，学医又非常考验脑力，这孩子是不是聪明？如果学个一知半解[③]的出去给人看病，出了问题，那岂不坏了老师的名声？好在蔡医生毕竟是个重情义的人，他知道自己的朋友死了，现在朋友的儿子投奔到自己门下，无论如何也是要给孩子一个机会的。

从此，小华佗就跟着蔡医生做了学徒。不管是干杂活儿还是采药，华佗都非常卖力。华佗的勤奋被蔡医生看在眼里，渐渐地，他对华佗是越来越满意。就这样，考验了一年之后，蔡医生终于允许小华佗跟着师兄学习抓药了。只是，这个师兄可是有私心的，他怕华佗超过自己，根本就不让华佗碰秤。抓药都是定量的，不让碰秤怎能学好抓药呢？不过，聪明的华佗有的是办法，当师兄称药时，他就记下秤星的数，然后把师兄量好重量的药放在自己手中反复掂量。

蔡医生见华佗抓药时竟然不用秤，非常生气。作为一个医者，怎能如此儿戏？见老师生气，华佗也没有着急，他只是请蔡医生亲自拿秤来称重，看看他用手直接抓的药量是不是跟秤称重的一样。蔡医生半信半疑，拿了秤来量，结果竟然丝毫不差，再称称其他的药，皆是如此。蔡医生暗暗称奇，经过查问才知道事情的缘由。他狠狠批评了华佗的师兄之后，再看华佗，那真是越看越爱看。他非常激动，知道自己捡到宝了，将来能继承自己的衣钵，能将医学发扬光大，甚至能在医学上大有一番作为的，一定是自己这个小徒弟。

后来，华佗不仅治病救人，还发明了很多药物以及治疗方法，甚至能够起死回生[④]，真的就像他的老师蔡医生所想的那样，成了人人敬仰的“神医”。

好词解释

①一筹莫展：筹，计策，办法。展，施展。一点计策也施展不出；一点办法也想不出来。

②穷途末路：路的尽头。比喻无路可走的地步。

③一知半解：形容知道得不全面，理解得不深不透。

④起死回生：使死人复活，多形容医术或技术高明。也比喻把处于毁灭境地的事物挽救过来。

精彩句段分析

学医那么辛苦，他能不能吃得消？而且，学医又非常考验脑力，这孩子是不是聪明？如果学个一知半解的出去给人看病，出了问题，那岂不坏了老师的名声？

这是蔡医生在考虑是否接纳华佗这个学生的时候所做的考量。学医要付出很大的辛苦，更要有一颗为病人负责的责任心。而有责任心的最基本体现，就是要竭尽所能地提高自己的医术。这就需要学医者有聪明的头脑。否则，很有可能会庸医误人。

阅读收获

本篇文章只是讲了华佗少年时期学医的经历。事实上，能成为一代“神医”，必然还需要更多的因素。但仅从少年华佗学医的故事，我们也能看到一个医者必备的素养，那就是：善良、勤勉、善于思考。

读后问一问

查资料，了解一下华佗与曹操的故事。

★张仲景 [生卒年限不详] 阅读关键词：悬壶济世

河南南阳人

成就：东汉末年著名医学家，被后人尊称为“医圣”。广泛收集医方，写出了传世巨著《伤寒杂病论》。确立的辨证论治原则，是中医临床的基本原则，是中医的灵魂所在。

张仲景拜师

公元 150 年，张仲景出生在一个没落的官僚之家。父亲曾在朝廷做官，家里有很多藏书，天资聪慧、勤奋好学的张仲景从小就阅读了许多书，而且特别喜欢读医学著作。

当时，朝廷腐败，战乱四起，百姓流离失所[①]，瘟疫横行。每次瘟疫到来，都不知要夺去多少人的生命。轻则村村闻哭声，家家戴重孝；重则路断人稀，田园荒废。

张仲景的同族伯父张伯祖是当时南阳一带的名医，在宛城开了一家医馆。张仲景一直想跟着这位伯父学医。只是，父亲更希望儿子将来能当个大官。就这样，一直到张仲景 12 岁，父亲不幸去世，母亲无力供养，张仲景才去找张伯祖拜师。没想到，一直想要收张仲景为徒的张伯祖这一次却拒绝了他。张伯祖说：“你生活条件好时，不来学医；如今走投无路[②]了，才来学。孩子，你回去好好想想，你到底为什么要学医吧。”碰了一鼻子灰的张仲景只得重回家乡，但他并没有灰心，自行钻研起医学来。

两年后的秋天，一场瘟疫在宛城蔓延，波及张仲景的家乡，他的母亲也染上瘟疫。乡人去宛城请张伯祖，可宛城同样瘟疫严重，病人挤满医馆，张伯祖实在分身乏术[③]。

眼瞅着村里人接二连三地病倒、死亡，大家心急如焚，却毫无办法。这时，只有14岁的张仲景拿出自己平时采集的所有药材，依照先前读过的医学典籍中教授的方法，开始在家里对药材进行配量，最后又借来大铁锅烧火煎药。

药汤熬好后，张仲景把乡邻们请来，对大家说："先前伯父在家乡开药铺行医时，我经常跟随他左右，他号脉、问病、开方、制药的方法我都记在了心中。再加上这些年我读了大量的医书，对医道也算略知一二。现在这场疫病，叫作伤寒，可以医治。喝一碗我的药汤，会立时见效；喝上三五天，一定可以尽除病根的。大家若不信，可当场饮用一试。"他把药汤捧到大家面前，可谁敢轻易相信一个十几岁的少年啊？半天，没有一个人接碗。

为打消众人的顾虑，张仲景自己先喝了一碗。母亲为了给儿子打气，也喝了一碗。老村长非常感动，招呼众人："有药治病总比等死强吧。来，给我也来一碗。"

众人如梦初醒，纷纷喝起药来，很快，一大锅药汤被喝了个精光。没想到，几天之后，全村的病人竟一个个都痊愈了。

消息传到张伯祖耳中，他非常高兴，当即派人去问张仲景是否明白了学医的目的。张仲景毫不犹豫地答道："进则救世，退则救民，不能为良相，亦当为良医。"得到张仲景的这番回答，张伯祖终于满意地笑了，答应收张仲景为徒。

有了名师的悉心教导和言传身教[④]，张仲景的医术从此更是飞速提高。

好词解释

①流离失所：由于灾荒战乱等而流转离散在外，失掉安身的地方。

②走投无路：无路可走，比喻处境困难，找不到出路。

③分身乏术：不能把身体分开来去做不同的事。

④言传身教：一面口头上传授，一面行动上以身作则，指言语行为起模范作用。

精彩句段分析

进则救世，退则救民，不能为良相，亦当为良医。

如果在朝廷里当官，就要为国家出力，为百姓服务；如果不当官，就要做一个救济困苦人民、为百姓出力的医者。这句话体现了张仲景的人生追求和高尚医德。这种追求也为后世医家留下了宝贵的精神财富。

阅读收获

张仲景受伯父的影响，从小立志学医，但却被想要他走仕途的父亲阻挡。父亲去世后，他去学医，却又被担心他学医动机不纯的伯父阻拦。经过两年的考验，张仲景真正明白了学医的意义。救世与救民殊途同归，有如此志向的人，定能真正付出努力，最终走向成功。

读后问一问

你明白“救世”和“救民”的真正含义吗？和父母就这个话题认真交流一番。

★ 刘徽［生卒年限不详］ 阅读关键词：痴心不改

山东邹平人

成就：魏晋时期伟大的数学家，中国古典数学理论的奠基人之一。清理中国古代数学体系，提出牟合方盖、重差术等方法，代表作品有《九章算术注》《海岛算经》等。

痴迷科学研究的刘徽

刘徽是我国著名的数学家，他一生整理出很多数学著作，提出了很多自己的数学见解，被称为“中国数学史上的牛顿”。刘徽能有如此成就，跟他小时候的经历是息息相关[1]的。

刘徽祖上是汉室宗亲，后来家道中落，便远离朝堂，隐居于民间。刘徽的父母是当地有名的学者，一直致力于推动当地教育。受他们的影响，刘徽从小就酷爱学习，家里为数不多的藏书早早便被他翻来覆去地读了无数遍。

渐渐地，父母就发现，小刘徽对科学表现出了异乎寻常的兴趣。而且，读过那些科学书之后，他总喜欢亲自动手去实际演练操作或是实地考察一番，直到把书中内容完全弄懂吃透才肯罢休。比如，他看到书中介绍古时辨别方向的仪器司南，就对地球磁场产生了浓厚的兴趣，便整天拿着吃饭的勺子摆弄来摆弄去，有时候，竟连吃饭都忘了，甚至在外出的时候，都不忘在口袋里揣上一把勺子。

有一天，刘徽在村外山坡上看书，因看得太投入，连天气突变都没发现。等他反应过来，已是大雨倾盆。在一处黄土崖下避雨时，他也不闲着，对身后这处黄土崖产生了兴趣。崖壁上有一裂缝，他使劲一推，没想到里面竟是一处宽敞的洞穴，足可住人。这可真是一个天造地设[②]的可用来安静读书的好地方！第二天，刘徽就搬了桌子板凳进来。从那以后，他就时常在此处读书，有时候读到有兴致处，连家都不愿回。读书累了，刘徽就瞧着洞外发呆。太阳照射下，洞口那两棵树的影子应时变动，小刘徽一观察就是一整天。

村里人见刘徽如此好学，简直入了魔，就打趣说："小刘徽，读书这么刻苦，长大了是要当大丞相吗？"没想到，刘徽嘴巴一撇说："我才不要当什么丞相呢，只要有书，只要能安安静静做我的科学研究，我就什么都不想。"大家一听，纷纷摇头，都说这孩子没什么大出息，后来再见他在那里如痴如醉地读书、手舞足蹈[③]地做各种实验，这些人就说："瞧，又犯病了，真是一个大傻子！"

村里人的笑话丝毫没有影响小刘徽，他的父母也一如既往[④]地支持自己孩子去认真做自己的事。有一天，外出归来的父亲神秘兮兮地拿出一本书交给刘徽说："孩子，我知道你对数学有浓厚的兴趣。既然喜欢，就勇敢去做你自己的研究吧。不过，数学研究还是要一步一步地来，要科学、规范、系统起来。研究数学，又怎能少得了这本书呢？这可是我托了我的朋友好不容易才给你找来的。你一定要爱惜，一定不要辜负了这本书啊。"

小刘徽接过书一看，原来是《九章算术》。这可是一本总结了自战国到秦汉所有数学成就的经典著作。小刘徽简直喜出望外。从此，他便与《九章算术》结下了不解之缘。

好词解释

①息息相关：呼吸相关联，形容关系密切。

②天造地设：天地已经安排好了。多指天然形成而又很合理想。

③手舞足蹈：双手舞动，两只脚也跳起来，形容高兴到极点。

④一如既往：完全跟过去一样。

精彩句段分析

既然喜欢，就勇敢去做你自己的研究吧。不过，数学研究还是要一步一步地来，要科学、规范、系统起来。

这是父亲对刘徽的鼓励与忠告。鼓励孩子：喜欢的事情，就坚持去做；有梦想，就勇敢去追。忠告孩子：即便是喜欢，也不可盲目，所有的学习都要脚踏实地，更要科学系统起来。

阅读收获

读了这篇文章，我们可以看到，痴迷对于一个孩子来说，是多么的重要。有了浓厚的兴趣，痴迷于此，我们才心甘情愿地去付出所有的努力。但痴迷的同时，也要能够做到坚持自我，能做到科学学习，更要做到脚踏实地。

读后问一问

说到痴迷，现在有很多孩子痴迷于网络游戏，往往为打游戏而置正常的学习于不顾。你对这种现象有何看法？

★ 祖冲之 [429—500] 阅读关键词：独辟蹊径

河北涞水人

成就：首次将“圆周率”精算到小数点后第七位（即在3.1415926和3.1415927之间），撰写的《大明历》更是当时最科学最先进的历法，为后世的天文研究提供了正确的方法。

不走寻常路的祖冲之

祖冲之是我国南北朝时期杰出的数学家、天文学家，但小时候的祖冲之却并不是一个聪明的孩子。

小冲之不是很善于读书，一本《论语》在他手里，反反复复两个月过去，竟然只会背十几行。刚开始，望子成龙的父亲还心平气和[①]地说：“孩子，老爸是为你好，你现在不好好读书，将来怎么能有出息呢？”

小冲之也希望自己能让父亲开心，就决定再试试。可是，无论他怎么读怎么背，就是读不进去、背不下来。他气恼地把书一扔，说：“我再也不读这些破书了，我背不出来。”

小冲之的这番言行彻底气坏了父亲，忍无可忍[②]、恼羞成怒[③]的他“啪”地打了小冲之一记耳光，还一个劲儿地骂小冲之是个天生的蠢材。

祖冲之的爷爷和父亲都是从事科学观测及学术研究的专家。祖冲之虽从小不爱读书，但在家庭环境的影响下，倒是特别愿意亲近自然。父亲发现，当和他一起在书房推测星象时，小冲之就会变得十分活跃，并且兴致高昂。

爷爷也发现了自己的这个孙子与众不同。孙子尽管背书不行，但对大自然却充满好奇，经常缠着他问这问那，表现出非凡的智力。爷爷便开始有意地在这方面引导小冲之。

农历十五那天，月亮很大很圆，小冲之会好奇地问：“为什么月亮有时会很圆很大，而有时却又像一把大镰刀呢？”爷爷慈祥地回答：“那是因为月亮在天上运动而产生了变动啊。只要你多观察、多思考就会明白的。”

正是在爷爷的耐心引导下，祖冲之在很小的时候就发现，天文学实在是一门十分有意思的学问，其中所蕴含的那些科学原理就像一个个和他捉迷藏的精灵一样，深深地吸引着他。很快，他就开始自觉地读家里的天文书籍，一本接一本，读得如痴如醉[4]。父亲慢慢也改变了自己对儿子的看法，原来，儿子不是不会读书、不爱读书，只是没有读到自己感兴趣的书而已。从此，父亲开始有意地和小冲之共读一本天文书，随时随地和儿子一起讨论书中的内容。有了父亲的参与，小冲之对天文历法的兴趣更是越来越大了。

有一天，爷爷将小冲之带到当时研究天文很有成就的名家何承天面前，让小冲之跟着他学习。何承天问祖冲之：“小冲之，天文这东西研究起来很辛苦，既不能靠它升官，也不能靠它发财，你为什么还要钻研它？”祖冲之大声回答道：“我不求升官发财，只想弄清楚天地的奥秘。”何承天笑道：“小家伙儿，有出息。”

再后来，祖冲之经常去找何承天讨论天文历法，再加上自己的刻苦努力，最终他自己也成了一名杰出的科学家，为后代积攒了许多十分有价值的天文知识。

好词解释

①心平气和：心里平和，不急躁，不生气。

②忍无可忍：要忍受也没法儿忍受，形容忍耐到了极限。

③恼羞成怒：由于羞愧和恼恨而发怒。

④如痴如醉：形容神态失常，失去自制力。

精彩句段分析

父亲慢慢也改变了自己对儿子的看法，原来，儿子不是不会读书、不爱读书，只是没有读到自己感兴趣的书而已。

事实上，也确实有很多孩子是这样的，不是不爱学习、不会学习，他仅仅是对自己不感兴趣的学科有着发自心底的排斥而已。作为家长，甚至是孩子本身，都应该及时发现这一点，家长调整自己对孩子的引导方法，孩子对自己的学习方式加以调整。

阅读收获

原来，小时候的祖冲之也跟我们一样“不爱”学习啊。千万不要这么认为。小冲之不爱的仅仅是他不喜欢的学科而已，对自己喜爱的天文、数学，他却做到了异乎常人的刻苦与努力。这才是我们读完这则故事后，最应该领悟到的道理。

读后问一问

你不喜欢哪门学科？又最喜欢哪门学科？和父母交流一下，你喜欢和不喜欢的原因分别是什么。

★郦道元 [约 470—527] 阅读关键词：行万里路

河北涿州人

成就：我国南北朝时期的地理学家，在水文地理领域有重要贡献。以毕生心血撰成的《水经注》四十卷，为我国第一部综合性地理著述，对研究中国古代历史和地理具有重要参考价值。

痴水少年郦道元

郦道元出生于河北涿县，家境富裕。父亲郦范做过将军，当过青州刺史，四方做官。从少年时代起，郦道元就跟随父亲走南闯北[1]，因此增长了不少见识，各地的风土人情[2]深深地吸引着他。

郦道元热爱读书，但他对“四书”“五经”不感兴趣，只爱读自然科学方面的著作。有一天，郦道元正在看书，父亲走过来，见他仍然在看一些地理方面的书，就问他：“孩子，你考虑过长大以后要干什么吗？”

“现在考虑这些为时尚早。我也不知道将来要干什么。”

“你好像很爱看地理方面的书籍呀？”

“是的，这些书太有意思了。只可惜这些书里的内容太不完备了，还有很多错误，跟现在的地理情况差别很大。”

“那你给我具体说说看。”

于是郦道元便将自己外出旅游时的一些所见所闻与书本知

识结合起来，说出了自己的看法："我发现古代的地理书过于简略，现在的地理书虽然内容充实了，却又没有充分吸收古书内容，古今的地理知识不能联系起来，有的地方地理变化很大，水系有变化，地名有变化，城市聚落也有变化，可是这些变化在任何一本地理书上都没有体现出来。"

"你讲几个具体例子给我听听。"父亲进一步说道，他对郦道元的发现很感兴趣，为他的勤于思考而感到高兴。

"《禹贡》中关于黄河、长江的记载就十分简略，记有几个大的地点，沿途有什么支流、湖泊、险滩、城镇没有任何记载。《汉书·地理志》中行政区划比较详细，但又缺少对山脉、河流的记载。《水经》中虽记录了全国的主要河道，但没有顺序，也不够系统。从这些书中，我看不出一个地区完整的地理概貌[③]，只能看见某一个点，实在是太不全面了。"

父亲听了很高兴，觉得郦道元看问题很准确，于是又问道："那你现在有什么想法没有？"

"我想编一本很全面的书，可我的见识还远远不够！"

"知识是靠积累的。古代有学问的人都是通过长期艰苦的努力，发奋读书才有所成就的。你的想法很好，但要把它变为现实，还必须努力读书。"

郦道元点了点头，下定决心一定要努力学习，实现自己的愿望，为后代造福。

在郦道元 17 岁时，为了让痴迷于山水的儿子能获得第一手资料，父亲请了自己的一位朋友带着郦道元四处走山访水[④]。父亲的这位朋友地理知识十分丰富，一路上，向郦道元讲解了很多知识。旅行过后，郦道元将实地考察的结果和书中记录进行对比、梳理。很快，他在地理方面的知识越来越丰富，小小年纪，已经成了这方面的小专家。

好词解释

①走南闯北：指走过南方北方不少地方；也泛指闯荡。

②风土人情：指一个地方特有的自然环境和风俗、礼节、习惯的总称。

③概貌：大致的状况、面貌。

④走山访水：走访高山与河流。

精彩句段分析

古代有学问的人都是通过长期艰苦的努力，发奋读书才有所成就的。你的想法很好，但要把它变为现实，还必须努力读书。

想法与现实之间，还有很长的一段路要走。如果付出了切实的辛苦与努力，我们只能是离理想的那个目标越来越近。否则，即便想法再好，也仅仅是个想法而已。

阅读收获

“读万卷书，行万里路”，在郦道元这里得到了充分的体现。郦道元先是喜欢读各类地理书，这是“读万卷书”。正是在“读万卷书”的过程中产生了太多疑惑。要想解答这些疑惑，唯有“行万里路”，到山水之间去实地考察。我们在自己的成长过程中，同样应该如此。读书可使人进步，但千万不可“死读书”；读书的同时，我们还要充分地参与到现实的实践活动中，在现实生活中汲取成长的养料。

读后问一问

你是否真正做到了“读万卷书，行万里路”？

★ 孙思邈 [581—682] 阅读关键词：善良仁厚

陕西铜川人

成就：隋唐名医，精通医术，被后人尊称为“药王”。走访记录民间医疗经验著出《千金要方》。创立脏病、腑病分类，具有新的系统性。

病弱少年孙思邈

隋朝建立那年，未来的“药王”孙思邈出生。父亲做木匠活儿，母亲则替人洗衣，一家人辛苦度日。孙思邈虽然年幼，但也懂得父母的辛劳、家里日子的艰难。他发奋读书，想着将来成就一番功名，也好让父母过上舒心的日子。功夫不负有心人，没几年，小小年纪的他便已算得上学富五车[①]了。

只是孙思邈天生体弱，再加上苦读的辛劳、营养的缺乏，他面黄肌瘦，体质一日比一日羸弱。孙思邈9岁那年，瘟疫流行，家乡的人很多都被夺去了生命。本来就体弱的孙思邈很快也被感染，高烧持续不退，整日卧床不起，这使得本就日子清贫的孙家雪上加霜[②]。为了给孙思邈治病，家里人不仅把能变卖的东西全部卖光，姐姐还毅然嫁给了一个有钱人家的傻儿子。

可是，孙思邈的病依旧不见好转。母亲日夜守在他的床前，哭肿了双眼。她再没有一枚钱给儿子请郎中看病了，能就这样眼睁睁地看着孩子，等着死神将儿子带走。母亲的心碎了，她寻来一根麻绳，在低矮的屋梁上打了个死结活套。如果儿子死了，她就立即悬梁自尽③，娘儿俩一块走。正在这时，一位鹤发童颜④的游方郎中出现了，他把一包草药递给孙思邈的母亲说："就剩下这最后一包救命药了，快拿去熬熬给孩子灌下吧。"说完，郎中走了。母亲生火熬药，悄悄拭去脸上感激和希望的热泪。

母亲把药熬好端给孙思邈，孙思邈正要喝下去时，邻家大婶发疯般地跑进来，哭喊道："大嫂，我家英儿眼都瞪了，恐怕是没救了，求你去看看吧。"母亲正要起身离去，只听孙思邈说："母亲，把这碗药端去给英儿灌下去，她就有救了！""这怎么能行？你自己也是重病在身啊！"大婶赶忙推辞。"快拿去，要不英儿就真的没救了。"孙思邈端碗催促。母亲见状，也说："英儿她娘，你就赶紧端去给英儿喝吧！"说着，她从儿子手中接过碗，递给大婶。大婶犹豫一下，接过碗，又从桌上拿过一个碗，倒了一少半药，把原来的那碗又递还给了孙思邈，端着那碗药千恩万谢地走了。

一碗汤药救了两个孩子的命。这件事给幼小的孙思邈留下了深刻的印象。他想：天下多一些好心的郎中，多一些有用的草药，苦命的穷人遭遇瘟疫时也就不会死那么多了！就是在那个时候，孙思邈便暗暗立下了誓言：勤学苦练，做一个采药治病的民间郎中，去给天下所有苦命人施药治病。

孙思邈 10 岁那年，父亲和母亲先后得了奇怪的病，久治不愈。眼看着父母因疾病而痛苦，孙思邈更加坚定了当医生治病救人的信念。也就是从那一年起，父亲开始带他遍访各地名医，让他跟人学医，孙思邈就此迈出了成为"药王"的第一步。

好词解释

①学富五车：形容读书多，学问大。五车，指五车书。

②雪上加霜：比喻一再遭受灾难，损害愈加严重。

③悬梁自尽：在房梁上上吊以自杀。

④鹤发童颜：白白的头发，红红的面色，形容老年人气色好，有精神。也说童颜鹤发。

精彩句段分析

母亲的心碎了，她寻来一根麻绳，在低矮的屋梁上打了个死结活套。如果儿子死了，她就立即悬梁自尽，娘儿俩一块走。

本段文字描写了母亲在濒临绝望之际的所作所为，文字细腻，力透纸背，让人读出了一个母亲的无奈与辛酸，更读出母亲对儿女的那份深沉的爱。

阅读收获

人生遭逢重大苦难，人的思想必定会产生巨大“变故”。因染上瘟疫差一点死去的孙思邈，最后竟被半碗汤药挽救了性命，故事本事带着传奇性，但也同样展示了高超医术的传奇性。孙思邈由己及人，想到那么多无钱治病的穷苦人，坚定地树立了刻苦学医的目标。而这，恰恰是他走向成功的最初动力。

读后问一问

如果你是故事里的英儿，病好之后，你会对孙思邈说些什么呢？

★毕昇 [？—约 1051] 阅读关键词：感恩之心

湖北黄冈人

成就：宋代发明家。发明活字印刷术。活字印刷术的发明，是印刷史上的一次伟大革命，是中国古代四大发明之一，为中国文化经济的发展开辟广阔道路，为推动世界文明的发展做出了重大贡献。

报恩的毕昇

北宋初年，毕昇出生在一个贫苦的农家。他自幼聪明好学，但因家贫，父母无力供他上学，他便经常跑到私塾外偷听老师讲课。私塾老师被他的好学劲头打动，就让他免费旁听。从此，小毕昇更是起早贪黑[①]，刻苦攻读，小小年纪便写得一手好字，作得一手好文章，深得先生喜爱。

毕昇 12 岁那年，天遇大旱，父母被双双饿死。好在私塾老师收留了他。但老师家也不富裕，勉强度日而已。小毕昇看在眼里，不忍连累老师，便到外边找工作，一来可以维持生存，二来也想补贴一下日益困窘的老师家。但毕昇毕竟年纪太小，想要找到一份工作谈何容易！不过，他的字写得非常漂亮，在当地已小有名气。有一个雕版作坊的老板将他聘去当写字先生。毕昇由此开始了他的工作生涯。

一晃几年过去。有一天，毕昇从作坊回来看望老师。此时的老师年事已高，他拉住毕昇的手说：“孩子，你老师我虽无治国安邦[②]之才，但还想在有生之年为老百姓做点事。”说着，抱出一大摞书稿，用袖子抹去上面的浮尘，继续对毕昇说：“我穷尽自己毕生的精力，写了这部收录了农业方面许多最先进知识的农书。我一直想将它流传开来，以利国利民。可惜家徒四壁[③]，一直无力出版。如今我年事已高，出版这部书的任务，我也只能拜托你了。”

毕昇从小进私塾，老师对他可以说是恩重如山，既教他读书、习字，又教他做人的道理，但对他却从无所求。毕昇对这位胜似自己父母的恩师一直心存感激，如今，老师将如此重要的书稿托付给自己，他非常激动，当即表示，一定尽全力将书稿尽快出版。

但是，毕昇的薪水毕竟有限，根本拿不出钱来出版老师的这部书。思量再三，毕昇决定自己亲自刻印。可是，这又谈何容易呢？毕昇只有起早贪黑地刻字。他的一双握笔写字的手，被刻刀磨出一层又一层的老茧。这些他都可以不在乎，只是有一件事却令他异常烦恼，那就是每刻错一个字，就得把整块版刨光重刻，实在是既费时又费力。每当这个时候，毕昇就心想：“我现在仅是刻印一部书，已嫌费时费力、心烦意乱，刻字工人每天如此，不知要遇到多少次刻错的情况，又有多少版需要重刻，看来这印刷工艺是需要改进了。”

于是，毕昇先将刻印到中途的书稿暂时封存起来，转而开始专心研究起新的印刷技术来。经过多年的刻苦钻研，抱着一颗感恩之心，孜孜以求[④]的毕昇最终发明了造福于千秋万代的活字印刷术。

因为感恩，毕昇愿意用自己的一生去兑现对恩师的承诺；因为刻苦，即便是遭遇千辛万苦，像毕昇这样的人也终究会实现自己毕生追求的目标。

好词解释

①起早贪黑：起得早，睡得晚，形容人辛勤劳动。

②治国安邦：治理国家，使之太平、安定。

③家徒四壁：家里只有四堵墙，形容十分贫穷。

④孜孜以求：孜孜，勤勉的样子。指不知疲倦地探求。

精彩句段分析

因为感恩，毕昇愿意用自己的一生去兑现对恩师的承诺；因为刻苦，即便是遭遇千辛万苦，像毕昇这样的人也终究会实现自己毕生追求的目标。

因为有一颗感恩的心，所以即便是遭遇很多困难，需要付出很多努力，毕昇也会心甘情愿地真正付出。有这样的一份动力在，成功是迟早的事。

阅读收获

失去父母的小毕昇得到了来自老师的无私关照，毕昇也因此怀有了一颗感恩之心。为报答老师的这份恩情，他历尽千辛万苦；为更好更高效地达成目标，他深入研究，提高技术，最终发明了活字印刷术。读这篇文章，我们感到的是满满的爱——老师对毕昇的无私关照，毕昇对老师的倾心回报。可见，爱的力量有多么巨大啊。

读后问一问

你见过刻印章的吗？刻的是正字还是反字？考虑一下。如果有条件，不妨自己试着刻一个字。

★ 沈括 [1031—1095] 阅读关键词：刨根问底

浙江杭州人

成就：北宋科学家、政治家。其代表作《梦溪笔谈》，内容丰富，集前代科学成就之大成，在世界文化史上有着重要的地位，被称为“中国科学史上的里程碑”。

爱刨根问底的沈括

沈括是我国北宋时期著名的科学家，也是中国历史上一个百科全书[①]式的伟大人物，无论在天文、历法、地质，还是医学、数学等方面，都有深入的研究。沈括之所以能够取得如此辉煌的成就，跟他少年时的勤学好问是分不开的。

沈括出生于一个官僚家庭。他的父亲曾在泉州、开封、江宁等地做官，母亲是一个有文化教养的女人。沈括自幼勤奋好学，在母亲的指导下，十几岁就读完了家中所有的藏书，文学艺术、自然科学……没有他不喜欢读的。但沈括天生体弱，再加上读书用功，小小年纪就需经常服用中药来调理[②]身体。好在，沈氏先辈在医药学上也颇有积淀，有家传的《博济方》，小沈括的身体倒也一天天健壮起来。因有此番经历，沈括从小对收集药方也特别感兴趣，并开始钻研医学。

父亲在外做官，沈括便经常随父亲外出。小小年纪的他便到过福建、江苏、四川、河南等地。行程中，他不仅对人们的生活和生产情况有了更多了解，还对各地的山水地质产生浓厚兴趣，并由此开始了在地质科学上的研究。

19 岁时，沈括暂居在苏州外婆家，受舅舅影响，他又开始阅读舅舅收藏的军事典籍，对军事产生了兴趣。

小沈括就是这样，好像没什么是他不感兴趣的，见一样爱一样，爱一样又钻一样。他的好奇心就是如此强烈，无论何事，总喜欢来一个刨根问底[3]。

在家乡私塾读书时，有一次，先生给学生们讲白居易的“人间四月芳菲尽，山寺桃花始盛开”，其他孩子都在先生的引领下感叹着诗句的美，只有沈括突然提出了一个问题：为什么其他地方的花儿都谢了，只有山寺里的桃花才刚刚开放呢？先生一时语塞，没说出一个所以然。小沈括便萌生了亲自到开元寺去看个究竟的念头。

沈括和小伙伴们来到开元寺。他们在山下找到桃树，发现桃树上已结满小桃子。“是白居易写错了，还是我们来错地方了？”小伙伴们迷惑了。

“我们再到山顶上去看看吧！”沈括提议。

“山上山下都是山，还不都一个样？”有人反驳。

“是不是一个样，只有上山看了才知道。”沈括坚持道。

最后，沈括和小伙伴们爬上山顶。山上的桃树果然刚开始开花！“看来白居易写的没错！可这又是为什么呢？”沈括又开始问自己。突然一阵凉风吹来，孩子们感到十分凉爽。沈括若有所悟[4]地说：“我知道了，因为山上地势高，气温比山下的低，所以山上的花就比山下的花儿开得晚！”

找到了问题的答案，沈括是多么高兴啊！

正是凭着这种勤学好问、刨根问底的精神，沈括最终才得以在那么多的科学领域都取得了辉煌的成就。

好词解释

①百科全书：比较全面系统地介绍文化科学知识的大型工具书，收录各种专门名词和术语，按词典形式分条编排，解说详细。

②调理：调养；调护。照料；管理。管教；训练。

③刨根问底：比喻追究底细。

④若有所悟：感觉好像有所感悟。

精彩句段分析

人间四月芳菲尽，山寺桃花始盛开。

这两句诗是唐代白居易的《大林寺桃花》开头两句，写诗人登山时已届孟夏，正属大地春归、芳菲落尽之时。但没想到在高山古寺中，又遇到了意想不到的春景——一片刚刚盛开的桃花。

阅读收获

因小时多病，经常吃药，便对医学产生了兴趣；因跟在外做官的父亲远游四方，便对地质学产生了兴趣；因受舅舅影响，又对军事产生了兴趣……兴趣是最好的老师，这是沈括迈出的走向成功的第一步。但只是感兴趣，只是“见一行爱一行”肯定是不行的，还必须“爱一行钻一行”，沉下心去，付出比别人更多的精力与努力，对自己感兴趣的学科进行钻研，这才会成为一个“百科全书式”的人物。

读后问一问

你知道“人间四月芳菲尽，山寺桃花始盛开”的后两句是什么吗？查资料，把全诗背下来吧。

★郭守敬 [1231—1316] 阅读关键词：勤学好问

河北邢台人

成就：元朝著名天文学家、数学家、水利工程专家。编制的《授时历》成为当时世界上最先进的一种历法，通行了三百多年。改制、发明了简仪、仰仪、高表等多种观测天象的新仪器。

勤学好问的郭守敬

郭守敬是我国元朝时期著名的天文学家，在世界科学史上也是一个响当当的人物。像这样的厉害人物是怎样培养出来的呢？今天，我们就来看一看郭守敬小时候的故事。

郭守敬出生在一个恪守耕读传家的农耕之家，家境殷实，历代皆不涉仕途。他的爷爷郭荣就对天文和水利颇有研究。因为几代单传，爷爷对郭守敬这唯一的孙子更是珍爱非常，无论做什么，几乎都要带上孙子。受爷爷影响，郭守敬从童年时期，就展现出了对天文学的浓厚兴趣，爷爷自然是因势利导[1]，也希望孙子能够在有了兴趣的基础上，长大后继续锲而不舍[2]地去攀登天文学的高峰。

慢慢长大的郭守敬不仅勤奋好学，更是特别好问，在大人看来纯属鸡毛蒜皮[3]的事儿，他每次都会打破砂锅——问到底。不要说爸爸妈妈被他问得无处躲藏，就是博学的爷爷很多时候也会被这个孙子问得头上直冒汗。

有一次，父亲讲《共工怒触不周山》，讲到“天柱折，地维绝”时，小守敬又发问了：“天是用柱子支着的吗？用了几根柱子？”父亲一愣，想了半天才亲昵地抚摸着小守敬的头说：“有些东西啊，你现在不懂也没关系。”意料之中，小守敬压根儿不吃这一套，非要父亲说出一个所以然来。

父亲一脑门儿的汗水，不耐烦地呵斥道：“问你爷爷去！问你爷爷去！”

爷爷捋着花白的胡子，看着瞪着一双迷惑大眼睛的孙子，笑得两眼都眯成了一条线，乐呵呵地对小守敬说：“你父亲讲的那些是神话故事，古人认为天是圆的、地是方的。但‘天圆地方说’解释不通很多问题，后来人们就去探索更加接近实际的宇宙理论。东汉的张衡明确提出了‘浑天如鸡子，天体圆如弹丸，地如鸡子中黄，孤居于内，天大而地小……’”

“爷爷，那为啥看不到鸡蛋皮，是被太阳还是其他什么东西挡住了？”小守敬的问题又来了。

“你不说话能把你当哑巴卖了啊？大人说话小孩子家不要乱插嘴！”一旁的父亲实在受不了，对小守敬一通狠批。

看着孙儿要哭出来的样子，爷爷一把搂过小守敬说：“敬儿问得好，我们看事情就应该从中多问几个“为什么”，不懂就问，问不出答案就自己锲而不舍地去探索。即便是爷爷我，探索了三四十年，有很多问题到现在也还没弄明白呢。”爷爷叹了一口气，继续说：“敬儿快快长，长大以后，你或许就能找出圆满的答案来。”

从那以后，爷爷和父亲就有意在各方面引导小守敬去积极探索。正是有小时候自己的勤学好问，再加上父辈的悉心引导，郭守敬才奠定了扎实的理念基础，才使自己有了以后的辉煌，成为举世闻名④的科学巨匠。

好词解释

①因势利导：顺着事情的发展趋势加以引导。

②锲而不舍：比喻做事情能坚持到底，不半途而废。

③鸡毛蒜皮：比喻无所紧要的琐事。

④举世闻名：全世界都知道的事情，形容非常著名。

精彩句段分析

浑天如鸡子，天体圆如弹丸，地如鸡子中黄，孤居于内，天大而地小……

这是张衡提出的“浑天说”的部分内容。其意大致为：宇宙就像一个鸡蛋一样是圆形的，我们所居的地球只是宇宙间的一个弹丸之地，就像鸡蛋中的蛋黄一样，孤单地悬居于鸡蛋内部；而且宇宙大而地球小。

阅读收获

每个孩子都有天生的好奇心，这一点很珍贵。作为孩子，要好好地利用这点好奇心，在好奇心的驱使下，积极主动地去探索。作为家长，也一定要保护好孩子的这点好奇心，不要总觉得孩子每天问的那个“为什么”是幼稚而无聊的，更不能缺乏足够的耐心，而一味打击孩子探索的积极性。

读后问一问

你最近对什么产生过好奇？自己想不明白的，试着和父母一起讨论一番吧。

★ 李时珍 [1518—1593] 阅读关键词：坚持梦想

湖北蕲春人

成就：明代著名医药学家、药物学家。著有医学巨著《本草纲目》，收集多种药物和药方，是我国几千年医学智慧的结晶。另著有《奇经八脉考》《濒湖脉学》等多种，对奇经八脉及脉学研究有突出贡献。

背叛父亲的李时珍

李时珍出生在明朝时期的一个医者家庭。他的父亲的医术在家乡一带十分有名，还曾担任过医官。但是，在那个时期，一个医生无论医术有多高明，社会地位却始终不高，所以，父亲就一直希望儿子能够通过科举考取功名，谋求个一官半职，这才算是真正的光宗耀祖①。在他的计划里，大儿子李思珍继承李家的医业；而自小就比较聪明的小儿子李时珍，则参加科举考试，完成自己一直没有完成的目标。

小时候的李时珍的确聪慧，加上有望子成龙的父亲的时常督促与鞭策，李时珍确实很快在学业上有了飞速进步。小小年纪的他也听从父亲的安排，一次又一次地参加科举考试，14 岁那年即考中了秀才。

但是，少年李时珍自己并不开心。同在父亲逼迫之下阅读的那些科举用书相比，他更喜欢读父亲收藏的那些有图画的医书、药书，每一次都能看得忘乎所以。而且，天生好奇的他对大人们讲的各种传奇故事、珍奇物什很有兴趣，他更喜欢到田野间采花捕蝶，欣赏大自然的神奇。而且，在少年李时珍的心目中，做一个像父亲那样医术高超的大夫，远比考试做官来得有趣、有意义得多。

有一次，父亲带着两个儿子外出行医，寄住在一家寺庙里。白天，父亲和哥哥外出问诊，李时珍只能一个人待在庙中，读父亲要求读他的科举用书。李时珍待父兄离开后，就偷偷地看父亲带来的那些医书，因为记忆力好，加上对医书更感兴趣，凡是看过的医书他基本上都能记得其中的内容。

这天，有一个病人来庙里找李时珍的父亲看病。可父兄皆在外行医，李时珍本打算出去找回父亲，但转念一想：“我为什么不自己诊治一下，也好实现自己当医生的小愿望呢？”于是，他对病人说：“我父亲晚上才能回来，要不先试试我的药方？”病人肚子疼得厉害，实在受不了，就同意了。李时珍非常激动，这可是他第一次给病人治病啊。他细细回忆平时观察到的父亲诊治此类病人的方法，又结合在医书中看到的那些药方，很快就拿了药给病人。

父亲回来后，看到小时珍开的药方不仅准确无误，而且还是最佳配方，真是又惊又喜。直到此时，父亲才知道时珍不仅已偷偷读了很多医书，而且每次病人一来，他就在旁边偷偷学，已经学会了很多。难道小儿子李时珍才是真正学医的料子？父亲为家里出现像李时珍这样的学医好料子感到欣慰，但也为家里又将失去一个成为达官贵人②的机会而伤怀不已，他犹豫再三，不知该怎么办。

14 岁，李时珍考中秀才，但也就是从那时起，渐渐有了主见的李时珍再不肯阳奉阴违③地为父亲的“理想”而奋斗了，而是毅然放弃了科举，全身心开始学医。

好词解释

①光宗耀祖：指为祖先、宗族增添光彩。

②达官贵人：指地位高的大官和出身侯门身价显赫的人。

③阳奉阴违：指玩弄两面派手法，表面上遵从，暗地里违背。

精彩句段分析

父亲为家里出现像李时珍这样的学医好料子感到欣慰，但也为家里又将失去一个成为达官贵人的机会而伤怀不已……

李时珍的父亲对李时珍的未来职业设计是当官走仕途，但李时珍自身的兴趣爱好却在医学上，并且很小的时候就显露出学医的优势来。这样的结果肯定会使父亲有些失望，同时伴有欣慰。

阅读收获

理想与现实往往会有冲突，更何况是为人父母者对子女的未来安排？现实中，很多父母会对子女的未来有着自己的设想，甚至以“都是为你好”的名义，强迫孩子朝着这个目标努力。其实，孩子自身的条件及成长过程中培养起来的兴趣爱好，才更容易让孩子在为之奋斗的过程中，充满幸福感。

读后问一问

父母希望你长大后做什么？你自己的理想又是什么呢？如果这两个“理想”不一样，你打算怎么办？

★ 徐光启 [1562—1633]　　阅读关键词：少年壮志

上海人

成就：明代著名科学家、政治家。毕生致力于数学、天文、历法、水利等方面的研究，勤奋著述，通晓农学，编纂《泰西水法》《农政全书》等。同时他还是一位沟通中西文化的先行者，译有《几何原本》。

志气少年徐光启

徐光启的祖上经商，家境原本还算富裕，但由于倭寇侵扰，徐家逐渐败落。在徐光启出生的前一年，民族英雄戚继光率军沉重打击了倭寇，但又遇灾荒，徐家被贼盗抢劫，就这样，天灾人祸[1]使徐家很快就家徒四壁了。在这样的家境里，徐光启小小年纪就要帮家里做些力所能及的零活儿，但也由此培养了他勤奋努力、吃苦耐劳的性格。

徐光启的祖母经常给孙儿讲一些历史故事。有一次，祖母给小光启讲起倭寇侵扰之下乡亲们逃难的往事，小光启听着听着，不觉攥紧了小拳头说：“等我长大了，有了本领，决不让倭寇再来祸害百姓。”祖母把孙儿搂在怀里哭着说：“我孙儿真是个有志气的好孩子。”

徐光启聪明而且好学，徐家把光宗耀祖、重建家业的希望全都寄托在了他的身上，所以，尽管生活艰难，家人还是把他送进了私塾。小光启知道这上学机会来之不易，所以，学习非常刻苦。当天先生教的功课，他一定要在当天学会，要是学不会，就不肯出去玩，因此，他进步非常快，成绩总是远远超过别的同学。可是，渐渐地，小光启对那些枯燥无味的经书就提不起兴致了；对这些科举八股文，更是厌烦，倒是那些兵法或农学方面的书，他读起来常常是废寝忘食[②]。

父亲不愿儿子看这些“闲书”，就对他说：“孩子呀，你要好好读书，将来大小做个官，也为徐家争口气。一家人就指望你了！”背负着全家人的期望，小光启只得在那些八股文章上多下些功夫。但同时，他也不愿放弃对兵法、算术、农学等知识的吸取，读书只能更加刻苦了。

10 岁那年夏天，学堂里闷热异常，先生布置了一道《何不言我志》的作文题目后，便出去纳凉了。有几个学生见先生出去了，就趴在桌上打起瞌睡来。剩下几个都围在徐光启身边。因为徐光启的作文时常得到先生表扬，被作为范文供同学们欣赏，大家都愿意和徐光启探讨一下各自的想法。

一个学生说：“将来我要开个大钱庄，成为一个大富翁。”

另一个学生说：“我将来要当大官，一呼百应[③]，多威风。”

坐在徐光启旁边的同学问：“光启，你将来干什么？”

徐光启沉思了一会儿说：“我想，做人要明事理，立大业，治国安邦，崇正辟邪[④]，这样才不枉为人一世。所以，我要做一个对国家有用的人。”

听了徐光启的这番话，同学们纷纷点头，然后都回到各自座位上写起作文来。大约过了一个时辰，先生回来了，他走到徐光启身边，拿起徐光启写的作文看了一遍，禁不住夸奖道：“想不到你小小年纪，竟有如此志向。”

徐光启是这样说的、写的，也是这样做的，他一生中做了许多利国利民的大事，成了我国科学事业的伟大先驱者。

好词解释

①天灾人祸：指自然的灾害和人为的祸患。

②废寝忘食：顾不得睡觉，忘记了吃饭。形容专心努力。

③一呼百应：形容响应附和的人众多。

④崇正辟邪：崇尚正义，不走歪门邪道。

精彩句段分析

做人要明事理，立大业，治国安邦，崇正辟邪，这样才不枉为人一世。

这句话是少年徐光启所说。其意为：做人要明白是非曲直，要志存高远，做一番大事业，要有治理国家安定天下的雄心，要有崇尚正义打击邪佞的壮志。只有这样，才不辜负这一世为人。

阅读收获

科技兴国，这在徐光启的成长经历中有着充分体现。小时候遭遇的天灾人祸，使少年徐光启立下了做一番大事业的雄心壮志，而这份雄心壮志便是攀登科学的高峰，造福于国，造福于民。少年壮志不言愁，当我们从小便立下一番雄心壮志的时候，所要付出的所有辛苦与努力，我们也都能够坦然接受、勇敢面对了。

读后问一问

文中提到了抗击倭寇的戚继光，你知道他的成长故事吗？快去读一读《军事家的成长故事》吧。

江苏江阴人

成就：明代地理学家、旅行家和文学家。开辟地理学上系统观察自然、考察祖国地貌地质、描述自然的新方向。所人将其日记体观察文字整理而成的《徐霞客游记》，成为我国的地理学名著。

少年霞客行

徐霞客出生在一个生活相对富裕的家庭，祖上都是非常注重知识的读书人，但到了祖父那里，因目睹科举的腐败与黑暗，便叮嘱后人不得再参与科举。他的父亲生性洒脱坦率、刚正不阿[①]，忠实遵循了他爷爷的教诲，一生都未曾参与科举，并从来不和豪门贵族打交道。父亲的这种秉性对徐霞客性格的养成和志向的选择产生了巨大的影响。

父亲虽无意功名，却深知读书的重要性，所以在徐霞客很小的时候，就开始培养他读书的爱好。其实徐霞客也是非常好学的，他经常是一整天都不出门，更不和小朋友一起玩耍，而是躲在书房里看书。再加上他天资聪慧，阅读的速度非常快，就这样，在他10岁左右的时候，家里的书就被他全部看完了。于是他就让父亲带他去市场上淘书，或是到父亲的朋友家里借书。有一次，父子俩又去淘书，花光了随身带的所有银子，淘到了很多书。可临走时，徐霞客又看到了一本自己十分喜欢的书。没钱了怎么办？情急之下，小霞客直接跑到隔壁的当铺里，把自己的随身衣物给当了，终于如愿以偿[2]地拿到了书，父子俩都开心得不得了。

有人见徐霞客如此聪慧又好学，就劝徐霞客的父亲，让他管管自己的儿子，将来也好走个正道儿。没想到，徐霞客的父亲却说：“我才不会让我的儿子为功名利禄[3]所累呢，他喜欢做什么就做什么去吧！”

徐霞客的父亲非常喜欢出去游历山水，所以，父子二人就经常一起远行，徐霞客也因此自小便有机会领略大自然的神奇。19 岁那年，徐霞客正准备离开家乡独自到外面闯荡，父亲却突然患病不幸离世。父亲一走，自己怎能抛下年迈孤独的母亲，一个人不管不顾地去为自己的梦想闯荡呢？为此，徐霞客把外出游历的愿望深深藏在了心底。

可是，知子莫如母，母亲看穿了徐霞客的心思，劝慰他说：“好男儿志在四方，怎么能因为我，把你自己搞得像关在鸡笼的小鸡、拴在车辕上的小马一样呢？你这样留在家里注定只会毫无作为，还是外出游历、增长见识去吧！”

就这样，徐霞客戴上母亲缝制的远游冠，开始了他人生的第一次独自远行。从此，一发不可收，最终实现了自己成为一名地理学家、旅行家的梦想。

徐霞客能取得如此成就，和父母的教育是分不开的。其实，认真思考后我们可以发现，在徐霞客成长的那个年代，也有很多父母在孩子教育上一味地追求功名，希望孩子能通过科举考试获得一官半职。就如现在很多父母对孩子总是强调分数是一样的，希望孩子能考上名校。但徐霞客的父母却不一样，他们没有打着“一切都是为了孩子好”的旗号，给孩子安排好人生，而是鼓励徐霞客，有梦想就要勇敢去追。

好词解释

①刚正不阿：刚强正直，不阿谀奉迎。

②如愿以偿：像所希望的那样得到满足，指愿望实现。

③功名利禄：科举称号或官职名位；钱财和爵禄。代指名利和地位。

精彩句段分析

他们没有打着“一切都是为了孩子好”的旗号，给孩子安排好人生，而是鼓励徐霞客，有梦想，就要勇敢去追。

这句话简单概括了徐霞客父母在教育子女方面的基本思想。“为了孩子好”这句话是很多溺爱孩子或是动不动就干涉孩子梦想的父母，经常打出来的旗号。怎样才算真的“为了孩子好”，这是需要为人父母者认真思考的。

阅读收获

徐霞客是不是很幸福？不用参加考试，只需天天游山玩水，也能成名成家。如果这样想，我们就大错特错了。智者乐山，仁者乐水，皆是因为他们能在山水之间发现美，感悟出人生的奥义，甚至像徐霞客这样，纵情山水，更多是为科学研究。徐霞客的成长故事也告诉我们，无论是什么样的志向，只要我们自己能够坚持，能够潜心付出努力，它一样是能够成就一番大作为的。

读后问一问

你游山玩水的时候，都有哪些真正的收获？

★宋应星 [1587—？] 阅读关键词：永不气馁

江西奉新人

成就：明代著名科学家、思想家。致力于农业和手工业生产的科学考察和研究，著作和研究领域涉及自然科学及人文科学的不同学科；所著《天工开物》被誉为“中国17世纪的工艺百科全书”。

落榜生宋应星的逆袭

宋应星是明朝末年的科学家。但谁又能想到，这样的一位科学家，在自己的青少年时期却是四次“高考”都没有考中，这究竟是怎么回事儿呢？这样的一个落第秀才是如何成长为著名科学家的呢？

宋应星本为官家之后，但到宋应星出生时，家道已经衰落。宋应星幼年时在族人开办的私塾里读书，由于他从小就聪明好学，记忆力惊人，所以很受老师的喜爱，家人更是欢喜，把他看作是未来通过科举使宋家人重新进入官场的最大希望，对小应星的督促和鞭策也因此变得异常严格。

16岁时，宋应星考入县学，成为一名秀才。在县学学习期间，除了“四书”“五经”外，宋应星还涉猎了各门学科典籍，其中，对他影响最深的是医学家李时珍写的《本草纲目》。《本草纲目》一书不仅开阔了宋应星的眼界，更为重要的是，李时珍那种从实践中求真知的行为深深打动了少年宋应星，让他懂得不是只停留在书本所提到的知识上面，而是把视线更多地投放到现实生活中。也就是在那个时候，他开始对各个行业，特别是对农业和手工业生产的技术发展和应用产生浓厚兴趣。

依宋应星的聪明与好学，走科举这条路本应一帆风顺[①]的。事实也确实如此，18岁那年，宋应星第一次参加科举，便顺利考中了举人。这让宋应星非常兴奋，当年秋天他便风尘仆仆[②]地赶往京师参加会试。没想到，结果却是落榜。

这次落榜没让宋应星气馁，随后他进入白鹿洞书院继续学习，争取下次能金榜题名[③]。所以，在书院学习期间，宋应星更加努力。同时书院的大量藏书，也为他阅览文化典籍提供了便利。因为阅读，他的视野更加开阔。

又一次会试开始，宋应星再次踏入考场，同样信心满满，然而结局也是惊人地相似，他竟再次落榜。在这之后，宋应星又陆续参加过两次会试，结果全是以落榜收尾。当他了解到，他之所以落榜，是因为官场的腐败后，便彻底对科举失去了兴趣。从此，再没有参与过科举考试。

屡战屡败、最终名落孙山[④]的宋应星并没有自暴自弃，他把对科举的热情全部投入到了科学研究之中，他更加疯狂地去阅读古人留下的典籍，从古人的智慧中汲取营养；读书之余，他时常走进田间地头、手工作坊，进行实地考察。终于，他寻找到了自己的定位：他要利用自己的学识，为那些普通的农民、工匠“著书立传”，记下他们最光彩的一面。少年时的执着与学识、观察积累，成为宋应星在后来写出许多科学著作的坚实基础，也为他今后被载入史册提供了机会。

失意不能自暴自弃，不断地积累知识，这是宋应星取得突出成就的原因，也是值得我们后人学习的地方。

好词解释

①一帆风顺：形容非常顺利，毫无波折或挫折。

②风尘仆仆：形容旅途奔波，忙碌劳累。

③金榜题名：指科举得中。金榜，科举时代俗称殿试录取的榜。

④名落孙山：指应考不中或选拔时落选。

精彩句段分析

失意不能自暴自弃，不断地积累知识，这是宋应星取得突出成就的原因，也是值得我们后人学习的地方。

遭遇挫折或不如意的事，不气馁，不自我放弃，继续埋头，继续努力向前，刻苦学习。这是意志的顽强，也是前进的持续。是真金，终究会发光的，切不可急躁。

阅读收获

落第秀才的逆袭，如同破茧成蝶式的蜕变，都是需要坚韧不拔的顽强意志，以及坚持不懈的努力学习的。科学家宋应星青少年时期的成长故事告诉我们的便是这样一个道理。

读后问一问

你懂得“破茧成蝶”这个词语的具体意思吗？查词典了解一下。参照宋应星的逆袭故事，给小伙伴们儿讲一讲这个词的意思。

★ 魏源 [1794—1857] 阅读关键词：师夷长技

湖南邵阳人

成就：倡导学习西方先进科技，提出“师夷之长技以制夷”的主张，开启了解世界、向西方学习的新潮流，是近代中国“睁眼看世界”的首批知识分子的代表。著有《海国图志》《圣武记》《皇朝经世文编》。

魏源不是一个笨小孩

童年时的魏源十分顽皮，他的父亲老魏为此十分苦恼。没办法，老魏决定找一个教学风格严厉的先生来管教儿子。

经过一番努力，老魏终于找到一个自觉合适的先生，并和先生说好，只要儿子能认识一个字，就给先生一担谷子。先生听完开心得不得了，教会一个字，这还不容易。

第一天，先生教小魏源认“一”字，并且说不管是横写竖写都念“一”，魏源说：“记住了。”

于是先生去给老魏报喜，当然也是想让老魏兑现承诺，把一担谷子给他。老魏正在打谷场上晒谷子，便顺手拿起一个摊谷用的耙子，在谷子中间拖了大大的一竖，然后转头问魏源：“这是个什么字？”

魏源看了好长时间，摇头说：“不认识。”

老魏气得差点背过气去，先生也是气得直翻白眼儿：“这不就是‘一’字吗？刚刚教给你的呀！”

“你教的‘一’字哪有这么大这么粗啊？这样的‘一’字我从没见过，所以不认识。”小魏源愣头愣脑①地说。

气急败坏②的先生把魏源拖回书房，顺手抄起桌上的砚台砸了过去，没想到，砚台竟正中魏源的额头。小魏源两眼一翻，直挺挺地倒了下去。

大家手忙脚乱地救小魏源，吓坏了的先生趁机收拾铺盖，偷偷跑了。可还没跑多远，老魏追上来了。先生吓得浑身筛糠，看来这是要偿命了啊！哪知，老魏上前拉住先生的手说：“先生怎么不说一声就走呢？没关系，我还有两个儿子，您继续教吧！”先生大受感动，发誓要把平生所学倾囊相授。

其实，魏源并没有被砸死，只是昏过去了。说来也奇怪，魏源醒过来后就对他爹老魏说，自己梦见一个老人，煮了一大锅书让他吃，他实在吃不下了才被撑醒的。

大家发现，自从被砚台砸了脑袋后，小魏源竟喜欢读书了，而且还过目不忘。更重要的是，人也“深沉”很多，整天把自己关起来读书，心无旁骛③，还给自己取了个名号：默深。勤奋读书的小魏源，学业自然突飞猛进，没多久就去参加了乡试。

一个人被砚台砸了脑袋，突然就变聪明了。这怎么可能呢？其实，这都是后人杜撰的故事，强加在了魏源身上。只是为了告诉我们：后来成了科学家的魏源，在小时候并不是一个十分聪明甚至有点笨的孩子，但经过自己的勤学苦读，终于学有所成，做出了一番伟大的成就。

魏源成长在封建社会行将崩溃、外国列强接踵而至④的动荡年代。长大之后的魏源怀着满腔的救国热情，呼吁变革，主张学习先进科学技术，并以自己的方式为国人指明了科学发展的方向。

好词解释

①愣头愣脑：形容言行鲁莽冒失。

②气急败坏：因愤怒或激动而慌张地说话、回答或喊叫。

③心无旁骛：心思没有另外的追求。形容心思集中，专心致志。

④接踵而至：指人们前脚跟着后脚，接连不断地来。形容人接连而来或事情持续发生。

精彩句段分析

一个人被砚台砸了脑袋，突然就变聪明了。这怎么可能呢？其实，这都是后人杜撰的故事，强加在了魏源身上。

杜撰，即没有根据地编造、虚构。事实上，很多的历史事件，因为是过去时，我们如今再来讲述时，多多少少都有些杜撰的成分在里头。只不过，有的演绎是根据一些现存的历史遗物或史料的推演，有的是道听途说而已。

阅读收获

本篇故事前半部分带着杜撰的成分，比较具有传奇性。后半部分则是详细刻画了魏源这样一个天生并不聪慧的孩子所付出的踏踏实实的努力。故事重点在后半部分，我们要学习魏源的刻苦与努力，切不可寄希望于某天也被砚台砸一下，自己就能灵光乍现了。

读后问一问

如果你是小魏源的老师，你该如何教他认识“一”字呢？

快乐闯关

小朋友们，读完了这部分内容之后，你对我国古代科技史上的著名科学家是不是有了更多的了解呢？既然如此，那快来“快乐闯关”，检验一下你是否真正了解他们了吧。

一、首先来检验一下你对这些科学家的科学著作有多少了解吧。

魏　源：__________　徐霞客：__________

宋应星：__________　徐光启：__________

李时珍：__________　郭守敬：__________

沈　括：__________　孙思邈：__________

郦道元：__________　祖冲之：__________

张仲景：__________

二、再来看看你对这些科学家的出生年代有多少了解吧，按出生年份（或所处朝代）的先后顺序为他们排排队。

1. 扁鹊　2. 墨子　3. 华佗　4. 郭守敬　5. 祖冲之

6. 沈括　7. 张衡　8. 毕昇　9. 孙思邈　10. 张仲景

三、你是不是“词库小达人”呢？试着把下面的四字词填写完整吧。

（ ）（ ）无际	（ ）（ ）无天
无休（ ）（ ）	无怨（ ）（ ）
不负（ ）（ ）	不可（ ）（ ）
不折（ ）（ ）	不声（ ）（ ）
出尔（ ）（ ）	出类（ ）（ ）
出人（ ）（ ）	出生（ ）（ ）
大浪（ ）（ ）	大器（ ）（ ）
大失（ ）（ ）	大腹（ ）（ ）
津津（ ）（ ）	炯炯（ ）（ ）
心急（ ）（ ）	心悦（ ）（ ）
心（ ）情（ ）	心（ ）事（ ）
了如（ ）（ ）	面如（ ）（ ）
暴跳如（ ）	对答如（ ）

四、在这些科学家的成长故事里，有许多能够给我们以深刻启迪的句子，你摘抄下来的有多少？从中精选几句，摘抄到这里和大家一起分享吧。

★詹天佑 [1861—1919] 阅读关键词：立志救国

江西婺源人

成就：中国铁路工程专家，被誉为中国首位铁路总工程师。其负责修建了京张铁路等工程，有“中国铁路之父”“中国近代工程之父”之称。

立志救国的詹天佑

我国自主设计并建造的第一条铁路，是1905年至1909年间建造的京张铁路，京张铁路的人字形铁路段因在当时振奋了中华民族而闻名于世，它的设计者就是詹天佑。詹天佑是我国近代科学技术的先驱者、中华铁路第一人。

詹天佑出生在广州，父亲是一名茶商，在詹天佑刚出生时，詹家的家境还算不错。只是，随着英、法等列强的入侵，各种不平等条约的陆续出现，国人的生意越来越难做，詹家的茶叶生意自然也很快做不下去了，最终一家人只能靠种田勉强维持生计。童年时期的詹天佑从大人那里听到最多的，都是那些清朝统治者腐败无能、国人顽强反抗英法侵略的故事，爱国主义的种子在他幼小的心田里已悄悄播下。

渐渐长大的詹天佑越来越痛恨帝国主义，并立志要为振兴中华而读书。上学时，倔强的少年詹天佑对那些满口仁义道德的理论说教很是反感，进而对“四书”“五经”之类的科举书籍没有丝毫的兴趣；他更喜欢摆弄一些机械，喜欢读那些科学类的书籍。这样的癖好使他显得和其他那些摇头晃脑尽读诗书的同学格格不入①。

詹天佑12岁那年，国家的一些有识之士出面，要组织一大批优秀的少年去往欧美国家，以学习西方的先进科技。一个偶然的机会，与众不同的詹天佑被发现了，他也因此获得了去美国留学的机会。12岁的孩子要离开父母远渡重洋②，无论对于孩子还是对于父母，这都是一种残酷的考验。但为了能学有所成③以报效祖国，12岁的詹天佑还是头也不回地坐上了开往美国的轮船。

在那之后的两三年里，没有父母的日常陪伴与时刻叮咛，这个十几岁的小小少年就这样身处异国他乡，在傲慢的西方人的冷眼下，刻苦攻读、奋发图强④着。在他的心中，只有一个信念，那就是尽早学成归国，为祖国早日从羸弱走向强大贡献自己的一份力。17岁那年，詹天佑顺利考入耶鲁大学土木工程系。

三年之后，在那一批去往美国留学的一百多个孩子中，只有他和另外一人顺利完成了大学学业，获得学位，并作为第一批人回到了祖国的怀抱。

只是，朝廷腐败，一心报国的詹天佑在回国之后，看到的却是清政府内部两个派系的激烈斗争。派系斗争的结果就是，像詹天佑这样的人才最终被派往福建水师做了一名船舶驾驶员。

直到多年之后，报国无门的詹天佑才在同学的帮助下北上天津，成了一名铁路工程师。詹天佑非常兴奋，决心献身铁路事业，为国争光，立志要实现中国的铁路中国人自己建造的梦想。

好词解释

①格格不入：有抵触，不投合。

②远渡重洋：漂流过海来到某一个地方，路途遥远。

③学有所成：指经过一段时间的学习，得到了成果。

④奋发图强：振作精神，努力自强。

精彩句段分析

12岁的孩子要离开父母远渡重洋，无论对于孩子还是对于父母，这都是一种残酷的考验。

十来岁的少年一个人漂洋过海去求学，陌生的国度、陌生的环境，都是需要孩子一个人去适应，独自去解决所有困难的。这对孩子来说，是一种挑战，更是考验。与此同时，留在家乡的父母，也要经受对儿女的无限的思念与不尽的担忧。这对父母来说，也是一种挑战，更是考验。

阅读收获

清朝末年，中国处于内忧外患之中，接下来该何去何从，是那个时代里成长起来的人们必须思考的问题。无数仁人志士前仆后继，只为拯救身处危亡之际的中国。有人从政体改革入手，如康有为、梁启超；有人从革命斗争入手，如孙中山、毛泽东；有人从科技救国入手，如詹天佑。他们在暗夜里摸索前行，为后人开辟了崭新的道路，让我们看到了光。

读后问一问

你能不能画出一幅人字形铁路草图？查资料，了解一下这种铁道形式的运用方式吧。

★ 李四光 [1889—1971] 阅读关键词：志存高远

湖北黄冈人

成就：中国地质学家、教育家、音乐家、社会活动家，中国地质力学的创立者、中国现代地球科学和地质工作的主要领导人和奠基人之一，为我国科学事业的发展做出了卓越贡献。

李四光改名记

李四光，原名李仲揆，出生在一个贫苦的农家。李仲揆幼年时，家里有年迈体衰的祖父、祖母，两位老人都已丧失劳动能力。除此之外，还有哥哥、弟弟、妹妹，都和小仲揆一样，尚未成人。父亲是一名教书先生，但在清朝末年的乱世里，很多人家对自家孩子的教育都不是很重视，所以，父亲教书的收入非常微薄。好在，家里还有几亩薄田，父亲一边教书，一边在那几亩地上辛苦劳作。母亲除了照顾一家老小之外，还纺线织布，以赚些零钱贴补家用。

穷人家的孩子早当家，家境贫困的仲揆从小就很懂事。从五六岁开始，他便主动帮母亲做些力所能及的家务，如扫地、提水、舂米、推磨等，他小小的身体里似乎蕴藏着巨大的能量。帮母亲做家务之余，小仲揆便是坐在那里看书。虽然因为年纪小，有很多字都不认识，但受教书的父亲的影响，小小年纪的他似乎对书有着天生的热爱。无论多么好玩的游戏，都不能将他的目光从书上吸引走。待入学读书后，小仲揆的成绩自然也就一直十分优异。

14 岁那年，成绩优异的小仲揆为了走向更广阔的世界，毅然告别父母前往武昌报考武昌高等小学堂。好不容易找到学校之后，花钱买了一张报名表，不知道是太兴奋，还是太紧张，小仲揆提起笔，在“姓名”一栏里端端正正写下的不是“李仲揆”，却是“十四”两个字。

当他发现这个错误的时候，“十四”已经无可挽回[1]地摆在“姓名”栏里。他急忙将“十”字改成“李”，可这“四”字却是不好改动的了。重新买一张报名表吗？他只带了借来的不多的一点盘缠，付了路费和饭费之后，已无力再买第二张报名表。就叫“李四”吗？那多不好听！平时，人们举例说到什么不相干的人的时候，就用“张三”“李四”来代替，小仲揆可不愿自己就叫这样一个名字。

还有补救的办法吗？小仲揆竭力让自己冷静下来，一边冥思苦想[2]，一边抬起头环顾四周。这是一所旧式殿宇改建的学堂，大厅正中，挂着一块横匾，上面的油漆虽已斑驳，但横匾上“光被四表[3]”四个大字，仍然清晰可见。

“光被四表！”李仲揆的目光停留在那里。他一阵激动，急忙提起笔在“四”字的后面，加上一个“光”字。

“李四光！”仲揆端详着自己给自己起的这个新名字，觉得很满意。四面发光，四面光明，光照四方！多么响亮的名字啊！

年轻而又单纯的李四光，对于自己的前途，对于国家和社会的前途，充满着多么光明的憧憬啊！从此，“李四光”成了李仲揆的大名，他那极具战斗性和为科学而上下求索[4]的一生，也正和他少年时在那一瞬间起的名字相契合。

好词解释

①无可挽回：指无法恢复原状，后悔已经迟了。

②冥思苦想：冥，深沉。绞尽脑汁，深入地思索。

③光被四表：光辉普照四方。被，加于，及于。四表，四周很远的地方。

④上下求索：尽己所能努力寻找真理，探寻摸索。

精彩句段分析

仲揆端详着自己给自己起的这个新名字，觉得很满意。四面发光，四面光明，光照四方！多么响亮的名字啊！

这句话详细说明了“四光”这两字，在李四光的思想里，具体都是什么样的含义。除了“光被四表”之外，还有“四面发光”“四面光明”“光照四方”的具体意义。这样的寓意也反映出了李四光对自身未来的美好期待。

阅读收获

一个人的名字，虽说仅是一个代号，但往往代表着父母对他的美好期待和祝愿。但也有很多人的名字是后期自己改的，这些名字往往显示着取名者自身的远大志向，对自身的某种期许。从这个角度来看，每个人的名字也都是庄重的，更是值得我们尊重的。

读后问一问

你的名字有什么具体含义吗？认真咨询一下你的父母。

★ 竺可桢 [1890—1974]　阅读关键词：执着追求

浙江绍兴人

成就：中国气象学家、地理学家、教育家，为中国近代地理学和气象学的建立和发展做出了突出贡献，对气候、地理和自然科学史都有深刻的研究，蜚声国际科学界。

执着少年竺可桢

竺可桢出生在浙江绍兴东关镇上的一个普通的商人家庭，父亲开着一间不大的米行。因母亲生他的头一天晚上梦见一只大熊，父亲便给他取名为“兆熊”。待要上学时，父亲又请私塾先生给他取了个学名：可桢。“可桢”二字蕴含着父亲的美好期待，父亲希望可桢成人后能做一个支撑竺家的坚实柱子，并成为国家栋梁。

聪明的竺可桢从小就表现出了过人的天赋，七八岁时，家里仅有的那点藏书便已远远满足不了他的求知欲。为满足可桢的读书需求，父母把自家的杂物间腾出来，作为他的书屋；并且拿出家里收入的三分之一，将他送进了由以大名鼎鼎[1]的章景臣先生为主导的几位有识之士主办的毓菁小学堂读书。章景臣的办学思想是“中学为体，西学为用”，小可桢在这里接受了六年的小学教育，深受这种思想的影响。

小学毕业时，竺可桢已成长为一个德才兼备[2]的有志少年，前程一片大好。可是，父亲的米行倒闭，竺家的家境每况愈下[③]，可桢一心想要进更高一级学府深造的愿望也成了泡影。就在这时，他的小学老师章景臣先生毅然出资，帮助小可桢继续上学。15 岁时，竺可桢考上绍兴东湖法政学堂。但对自然科学更感兴趣的竺可桢仅在这里待了一年，便毅然赶往上海，考入注重自然科学教育的上海澄衷学堂。

竺可桢深知，自己能够有机会到更高一级、更适合自己的学府学习深造，全仰仗自己的老师章景臣的慷慨资助，所以，他读书更加刻苦，常常“油灯一盏，书一叠，笔一支”，读写到鸡鸣。他更是在日记本中写下“吾将一生学好科学，吾要以科学来唤醒民族，振兴中华……”的誓言来激励自己。

然而，他的这种专心致志也遭到了一些人的嘲笑，那些人嘲笑他是“呆秀才”“书呆子”；更有甚者，有些人见他整天痴迷于那些自然科学图书，便讥笑他是“读书不去会试，读书不为做官，要这样的无用书干什么？倒不如去看牛做生意来得痛快”。在嗤笑和讥讽面前，少年可桢并不气馁，他有着自己明确的目标和执着的追求，更加奋发地读书。他穿上竹布长袜以防夏日的蚊虫叮咬影响自己心绪；用一个高木桶盛满清水，把双脚泡在里面，以免自己困倦；在土布长衫外勒上一根布带，以免突如其来[④]的饥饿感打断自己的思绪……就是凭着这样一番的辛苦付出，他博览群书，为自己以后在学问上有所成就打下了坚实的基础。

有人说，竺可桢后来严谨不苟的治学态度和“博学之、审问之、慎思之、明辨之、笃行之”的求是学风，与他少年时期便养成的勤奋刻苦、目标坚定、执着追求的成长经历是分不开的。这话自然很有道理。

好词解释

①大名鼎鼎：鼎鼎，盛大的样子。形容名气很大。

②德才兼备：既有好的思想品质，又有才干和能力。

③每况愈下：指越往下越明显，表示情况越来越坏。

④突如其来：出乎意料地突然发生。

精彩句段分析

他穿上竹布长袜以防夏日的蚊虫叮咬影响自己心绪；用一个高木桶盛满清水，把双脚泡在里面，以免自己困倦；在土布长衫外勒上一根布带，以免突如其来的饥饿感打断自己的思绪……

这是少年竺可桢辛苦读书时的真实写照。心绪不宁、困倦、饥饿感等，这些都是影响我们认真学习的因素，但在真正想要学知识的少年这里，这一切都不是事儿，都会想出各种办法将其一一化解的。

阅读收获

文中有太多地方是值得我们深思并学习的。比如章景臣先生“中学为体，西学为用”的办学理念；比如少年竺可桢在日记本中写下的那段要学好科学的誓言；比如成为著名科学家之后竺可桢依然秉承的严谨治学态度与求是作风……

读后问一问

当在学习过程中遭遇又饿又困的时候，你是怎么解决的？

★茅以升 [1896—1989] 阅读关键词：从小立志

江苏镇江人

成就：我国著名土木工程学家、桥梁专家、工程教育家。积极倡导土力学学科在工程中的应用，主持修建中国人自己设计并建造的第一座现代化大型桥梁——钱塘江大桥，并参与设计了武汉长江大桥。

少年茅以升的壮志

茅以升是我国著名的桥梁专家，由他设计并主持建造的钱塘江大桥，是第一座由中国人自行设计并建造的现代化铁路、公路两用桥，它的建造成功揭开了我国造桥史上新的一页，也成为中国桥梁史上的里程碑。

茅以升出生于江苏镇江，先辈经商，祖父为清末举人，思想进步，是当地有名的水利专家。受祖父的影响，茅以升从小就对水利产生了浓厚的兴趣。但后来发生的一件事，使茅以升立下了长大要成为一名桥梁专家的志向。

茅以升11岁那年端午节，像往年一样，南京城内的秦淮河上正在进行赛龙舟比赛。河面上，一个个身材魁梧的水手坐在五彩缤纷[①]的龙舟里奋力划桨，龙舟活像一条条真龙，飞掠江面。赛场周围的船上、秦淮河的两岸，特别是横跨两岸的每一座桥上，都站满了看热闹的人。锣鼓声、喝彩声、加油声，声音的热浪一浪高过一浪……

这个时候，茅以升已经随着一家人从镇江搬到了南京城，一家人就住在秦淮河附近。当时，11岁的茅以升就待在家里，秦淮河那边不时传来的锣鼓声、喝彩声，早诱得他坐卧不宁了。就在昨天，他还和几个小伙伴约好，今天要一道去观看龙舟比赛呢。可偏偏不凑巧，就在昨天晚上他突然闹起肚子痛，额头上虚汗直冒，疼痛难忍，一直闹到凌晨才稍稍安稳了下来。所以，今天一早，妈妈再不准他出门；他也只能待在家里，想象着龙舟比赛热闹、欢乐的场面。

突然，一个小伙伴气喘吁吁[2]地跑了进来，一见茅以升就说:“不好了！不好了！秦淮河上出事了！看赛龙舟的人太多，把文德桥挤塌了。亏得你没去，去了兴许就要掉到河里哩。”茅以升听了大吃一惊，忙问：“桥怎么会塌了呢？”小伙伴告诉他：“桥不结实！桥栏杆断了还不算，有几块桥面板都坍了。那掉下去的人可多了，咱们班好几个同学都被淹死了。”

这个不幸的消息像巨石一般投进茅以升小小的心湖，激起千层浪花。茅以升的眼前仿佛出现了人们在水里挣扎呼救的惨景。也就是在那个时候，一向对水利学十分感兴趣的茅以升蓦地闪出一个念头：“我长大了，一定要为大伙儿造一座结结实实的大桥！”

从那以后，再跟着大人外出，只要见到桥，不管是木桥还是石桥，茅以升总是久久不肯离去，从桥面到桥墩一定要看个够。大人催促再三，他依然是置之不理[3]，非要把这桥的样貌像图画一样印在脑海里，才肯罢休。

平时，翻阅古诗古文，看到有关桥的句子和段落，他也会马上记在本子上，看到桥的图画就比着画起来。家里人感到这个孩子行动有点异样，他父亲却说：“你们不了解他，他长大要当个桥梁专家，是个有理想的孩子。”

好词解释

①五彩缤纷：颜色繁多，色彩绚丽，十分好看的样子。

②气喘吁吁：指人劳累到极点时的样子，或形容呼吸急促，大声喘气。

③置之不理：放在一边，不予以理睬，形容对某人某事十分冷淡。

精彩句段分析

赛场周围的船上、秦淮河的两岸，特别是横跨两岸的每一座桥上，都站满了看热闹的人。锣鼓声、喝彩声、加油声，声音的热浪一浪高过一浪……

这段话详细描绘了观看端午龙舟赛的人们热闹的景象，除了交代各种各样的声音之外，还详细交代了观众们所在的位置。交代位置为下文出桥面坍塌事故埋下了伏笔。

阅读收获

一场桥面坍塌造成伤亡的事故，促使茅以升立下了长大后做桥梁专家的志向。这样的故事看似传奇，但我们更应该看到茅以升从小在作为水利专家的爷爷的影响下，对水利事业的浓厚兴趣，这才是他立下做桥梁专家志向的启蒙基础。所以，所有的改变都不是无缘无故的，更不会是心血来潮。

读后问一问

在你见过的各类桥梁之中，你觉得最漂亮的桥是哪一个？你能不能试着把它画下来，展示给父母或同学们看呢？

★梁思成 [1901—1972] 阅读关键词：爱好广泛

广东新会人

成就：我国著名建筑历史学家、建筑教育家和建筑师，被誉为“中国近代建筑之父”，毕生致力于中国古代建筑的研究和保护。

爱好广泛的梁思成

梁思成是我国建筑学界的一代宗师①，为近代中国建筑学研究的发展立下了不可磨灭的功勋。他曾撰文教导自己的学生：“求学问需要精，但是为了能精益求精②，专得更好就需要博”；“既有所专而又多能，能精于一而又博学；这是我们每个人在求学上应有的修养”。

梁思成于1901年4月出生在日本。他的父亲梁启超是中国近代重要的思想家、政治家，“戊戌变法”失败后，他遭到清政府的搜捕，被迫流亡日本。梁思成就是在父亲流亡日本的第三年出生的。梁思成的出生给这个动荡不安③的家庭带来了欣慰。梁启超给他取名“思成”，希望他多思而事业有成④。

梁启超很重视对子女的教育，不管是儿子还是女儿，他都从小就对他们进行智力开发，教他们读书写字，并且还特别注重品行训导。自然，他对长子梁思成更是抱有极大的期望。

思成聪明好学，3 岁开始识字，4 岁熟读《三字经》《百家姓》《神童诗》等旧时中国儿童必读的课本。5 岁后，父亲又送他进了横滨大同学校附属幼儿园，接受现代启蒙教育。

1912 年，11 岁的梁思成随父母从日本回到国内，在北京崇德国小及汇文中学读书。14 岁的时候，梁思成考入清华学校，开始了八年的清华求学生涯。

清华学校求学期间，梁思成学习成绩一直优秀，但最让人印象深刻的却是他广泛的业余爱好。

他酷爱音乐，学钢琴、小提琴，参加学校的合唱队、军乐队，担任过乐队队长和第一小号手。

他爱好美术，尤其是钢笔画，构思简洁，用笔潇洒。他经常为校刊画插图，最终被聘为校刊美术编辑。因为爱好美术，他时常到北平城中写生，那些古老的建筑在他的画笔下似乎焕发出了新的生命。但他很快发现，或是因为无情战火的摧残，或是因为无知人们的破坏，很多精美的古老建筑都在消失。他去查阅关于中国古建筑的著作，仅有的几部竟然全是外国人写的，这让他感到耻辱。也就是从那时起，他便下决心要写中国人自己的建筑史，要做一名建筑学家。

梁思成还爱好体育，强壮而健康，热爱跑、跳、攀援和体操，喜欢踢足球。他不仅是学校足球队的足球健将，还在校运动会上得过跳高比赛第一名。他曾表示，如果没有一个好身体，将来他真的成了建筑学家，怎么搞野外调查？在学校练好单双杠和爬绳，将来进行古建筑的测绘时，爬梁上房我才能够攀登自如。

少年梁思成就是这样，有着自己各种各样的兴趣与爱好，而且他的每一项爱好，都是在为未来成为那个更好的自己做着充足的准备。

好词解释

①一代宗师：指能在原来的理论基础上发扬光大，使之走出新途径并形成新理念，使之惠及后来人的代表人物。

②精益求精：已经很好了，还要求更好。表示要求极高。

③动荡不安：动荡摇摆，不安定；形容局势不稳定。

④事业有成：指事业取得一定的成就。

精彩句段分析

“求学问需要精，但是为了能精益求精，专得更好就需要博”；“既有所专而又多能，能精于一而又博学；这是我们每个人在求学上应有的修养”。

这是梁启超告诫自己学生的话，也正是他一生为学的态度。做学问要做深入的研究，要精益求精，但要想做得更好，还需要拓宽知识面，增长研究的宽度。有专攻的方向的同时，还要讲求博学。这是真正的学问人应该有的追求。

阅读收获

但凡是真正的名人大家，都是博学的人。这总让人生出无限感慨：他们的时间是怎么来的？怎么能懂得那么多？其实，正像梁思成说的那样，虽说术业有专攻，但很多知识都是可以触类旁通的。博学一点，从另一个系统的知识角度再来切入本专业的知识，说不定会有柳暗花明之感，会有更新发现、更高成就。

读后问一问

你是怎样协调你不同的兴趣和爱好之间的关系的？

★ 严济慈 [1901—1996] 阅读关键词：执着追求

浙江东阳人

成就：我国著名物理学家、教育家。精确测定居里压电效应“反现象”，发现光双折射效应；系统研究水晶圆柱体施加扭力起电现象，发现水晶扭电定律；精确测定臭氧紫外吸收系数。

追光少年严济慈

严济慈出生在浙江东阳的一个贫苦农家。尽管家境贫寒，父母还是把他送进了学堂。济慈果然也不负众望[①]，小学毕业时，成绩全校第一；随后，又以第一名的成绩，考入东阳中学。见小济慈如此争气，尽管家境已是拮据不堪，但父母还是决定省吃俭用供儿子继续求学。家里兄弟姐妹五个，父母倾尽全力只培养济慈一个，其他孩子连私塾也不让上了。

就这样，小济慈在 14 岁那一年，终于正式进入了东阳中学继续读书。继续求学的机会来之不易，懂事的小济慈勤奋向学的劲头有增无减，捧起书本，便对周围所有的人与事都充耳不闻[②]。教室的窗外有一株桃树，济慈刚进学校时，桃花还是含苞待放[③]的样子。后来，桃花开了，又谢了。有一天，一个同学在桃树下捡到两个青桃送给济慈。一直沉浸在书本中的济慈一脸茫然地望着青桃问：“这桃树不见开花，怎么就结了桃子？”原来，因为整天埋头在书本之中，小济慈竟丝毫没有留意到窗外的花开花落。

除了认真与专心，小济慈学习起来也是异常刻苦。每天，他都要学习到很晚。家境贫困，买不起煤油和蜡烛，他就收集同学们丢弃的蜡烛头，然后加工成小蜡烛，秉烛夜读。无论寒暑，每天早上他都是第一个起床早读。冬天的早晨，为了节省蜡烛，他跑到教室外的雪地里读英语，不知不觉，眉头已凝上一层雪白的霜。就这样，在东阳中学学习期间，他一直保持着年级第一名的优异成绩。

严济慈的刻苦好学深深打动着他的英语老师，也就是翻译了商务印书馆版的《飘》这本名著的傅东华老师。深受新思想影响的傅老师非常赏识济慈，还为他取字“慕光”。傅老师希望，济慈能崇尚科学之光，成为一代良才；更希望济慈能像他的先祖严子陵那样，成为一个品行高洁之人。

东阳中学三年，济慈就像一个追着光奔跑的孩子，一刻不停地努力着。16 岁那年，他再一次以全校第一的成绩顺利毕业。接下来的路该何去何从？懂事的济慈犯了愁，为了他上中学，父母已经倾其所有，绝对没有力量再支撑他继续求学深造了；况且，父亲已经为他谋好了一份教书先生的工作。可是，自己内心的那份抱负呢？眼瞅着同学们都在积极地为考大学准备着，小济慈一筹莫展。

考试的时间到了，父母建议他先去试试，以后的事情以后再说。小济慈谢过父母，毅然步行三十多公里赶到了杭州参加考试。成绩出来，这一次，他全省第一名，被两所大学同时录取。一家人虽然非常高兴，但学费没有着落的现实也让他们愁肠百结[4]。就在这时，叔祖父严维伦毅然卖掉祖传的几亩地，向小济慈伸出了援助之手。严济慈，这个一直追着光在奔跑的少年，再一次踏上了追光的征程。

好词解释

①不负众望：指为人所信服，很争气，不辜负大家的期望。

②充耳不闻：塞住耳朵不听。形容有意不听别人的意见。

③含苞待放：形容花朵将要开放时的形态。也比喻将成年的少女。

④愁肠百结：忧愁苦闷的心肠好像结成了许多的疙瘩。形容愁绪郁结，难于排遣。

精彩句段分析

东阳中学三年，济慈就像一个追着光奔跑的孩子，一刻不停地努力着。

“光”，在这里指的是希望、未来以及抱负与理想。正像老师给济慈取名“慕光”一样，就是希望他能够追求科学之光，心头有理想之光。前方有光，我们向着光努力奔跑；路上有光，我们才不至于在黑暗里盲目地四处乱撞。

阅读收获

少年严济慈的刻苦努力以及他眼中有光、追光奔跑的样子，深深打动了我们。只有眼中有光，有着既定的目标，有着坚定的信念，我们才能够在不尽的挫折面前，在避免不了的倦怠面前，真正做到不气馁，不轻言放弃，才会发自内心地付出自己真正的努力。向上吧，少年！你向着光努力奔跑的样子，最美！

读后问一问

你眼中的光是什么？

★童第周 [1902—1979] 阅读关键词：不懈奋斗

浙江宁波人

成就：我国著名生物学家、教育家、社会活动家，中国实验胚胎学的主要创始人，中国海洋科学研究的奠基人，生物科学研究的杰出领导者，开创了中国克隆技术之先河，被誉为“中国克隆之父”。

力争上游的童第周

童第周出生在浙江宁波的童家岙。这是一个礼仪之风鼎盛、儒学重教深入人心的小山村。童第周的父亲非常重视教育，还创办了小山村的第一所私塾学校。受父亲影响，爱学习、追求知识的种子早早地就在童第周的心里生根发芽了。

童第周从小就是一个好奇心很强的孩子，看到不懂的就追着问父亲，父亲每次都不厌其烦[①]地给他讲解，并且告诉他：“学知识要靠一点一滴积累，坚持不懈[②]才能获得成功。”为了鼓励童第周坚持读书，父亲专门写了“滴水穿石[③]”四个大字送给他，童第周将这四个字当作了自己的座右铭。

父亲去世后，童第周跟着母亲和大哥生活。大哥从父亲手中接过接力棒，继续在家乡办学，并全力以赴[④]支持弟弟童第周的学业。16 岁那年，童第周听从大哥的建议，考上一所师范学校；但在一年之后，视野开阔了许多的童第周想要进入更高一级的学府深造，就自行报考了当时名望很高的宁波效实中学，并最终成了这所学校的一名插班生。

因为插班进来，基础知识学习落后别人一大截，一开始的几次考试，童第周的成绩都是全班倒数。面对成绩单和同学们的嘲笑，童第周流下了伤心的泪水。擦干眼泪后，小小年纪的他告诉自己：无论如何，都不要放弃，一定要努力！

有一天深夜，教数学的陈老师发现，在昏黄的路灯下有个瘦小的身影在晃动，走过去一看，原来是童第周正借着路灯光在读书。“这么晚了，怎么还不休息？”“陈老师，我要抓紧时间把功课赶上去，我不要倒数。”陈老师劝童第周回去休息，可没走多远，童第周又站在另一个路灯下读起书来。陈老师非常感动，为自己有这样的学生感到自豪。第二天，陈老师在全班同学面前表扬了童第周，他说：“不错，童第周曾是全班成绩最差的，但一个人的成绩不能仅用一两次考试分数来判定。衡量一个人的知识和能力，最终要看他如何走自己的奋斗之路！”期末考试到了，童第周成了全校关注的对象。这一次，他依靠自己的努力，终于使各科成绩都超过了班级平均分，其中几何还得了满分，引起了全校轰动。

就这样，经过持续不断的努力，到高三期末时，童第周的总成绩已是全班第一。当时的效实中学校长无限感慨地说：“我当了多年校长，从来没有看到过进步这么快的学生！”童第周在回忆自己少年时期的成长经历时，也曾说过：“在‘效实’的两个‘第一’，对我一生有很大影响。那段经历使我明白自己并不比别人笨，别人能做到的，我经过努力也一定能做到。世上没有天才，天才是用勤奋换来的。”

中学毕业后，同样是经过一番刻苦与努力，童第周考入复旦大学。从此，他开始了自己追求科学、献身事业的漫漫长路。

好词解释

①不厌其烦：不嫌烦琐与麻烦。形容十分有耐心。

②坚持不懈：坚决继续进行。比喻有恒心，有毅力。

③滴水穿石：指水滴不断地滴，可以滴穿石头；比喻坚持不懈，集细微的力量也能成就难能的功劳。

④全力以赴：把全部精力都投入进去。

精彩句段分析

那段经历使我明白自己并不比别人笨，别人能做到的，我经过努力也一定能做到。世上没有天才，天才是用勤奋换来的。

那是一段怎样的经历？读故事，我们知道，那是童第周在效实中学三年的奋斗经历。奋斗使天生并不聪慧的人“笨鸟先飞”，使基础薄弱的人后来居上，使原本优秀的人更上一层楼。这个世上没什么天才，天才都是辛勤的汗水浇灌出来的。

阅读收获

本文有太多精彩的句段值得我们收藏，建议你认真圈画出来，认真揣摩。父亲的“滴水穿石”，老师的不以成绩论英雄，童第周自己对天才的定义，都值得我们深深思索。

读后问一问

你的学习成绩怎样？当你的成绩不理想时，有没有想过要像童第周这样付出自己踏踏实实的努力？

★ 周培源 [1903—1993] 阅读关键词：科学救国

江苏宜兴人

成就：我国著名的流体力学家、理论物理学家、教育家和社会活动家，中国近代力学奠基人和理论物理奠基人之一。

被开除的周培源

周培源出生在江苏宜兴芳桥镇的一个周姓人家。周家在当地也算得是有身份的富家大户、书香门第[①]。父亲是晚清的一名秀才，在父亲的精心培养之下，小培源两三岁时便显露出了超常的灵气和才气，“人之初，性本善”“赵钱孙李，周吴郑王”之类早背得滚瓜烂熟[②]，连“锄禾日当午”“春眠不觉晓”等唐诗也是一背起来就收不住。因此，小培源 4 岁不到就进了私塾，正式读起书来。

因为年龄太小，小培源到学校读书时，就由当时 9 岁的姐姐陪读。因为个头小，戴着小绒帽、摇着小辫子的小培源不仅需坐在教室最前排，还要坐上为他特制的高腿竹椅，才能正常俯身在课桌上写字。班里的那些大孩子都很喜欢这个聪明的小师弟，常带着他一起玩，给他讲镇子上的那些古老的故事，还带他一起到林中捉鸟，去河边钓鱼。

宜兴这个地方历来为通衢要道[③]，东连上海，西靠南京，文明程度相对较高。小培源就读的这所小学虽是镇上的一所私塾，但所用课本早已不是那种老得发黄的《三字经》《百家姓》之类了，而是采用商务印书馆的小学课本，开篇是“天地日月、山水土木”。小培源打心眼儿里喜欢这样的内容，每每读起书来，声音好像比谁都响亮。回到家中，和姐姐一起在父亲面前比赛朗诵课文，抢风头的往往是他。

辛亥革命后，南京成了政治、经济中心。有见识的父亲即刻到南京城开办实业，小培源便被带到了南京。11 岁那年，父亲又到上海，小培源又跟到了上海。13 岁进入基督教青年会办的中学；14 岁改上南洋商业学校，不久又转入杭州甲种蚕桑学校；16 岁考取上海圣约翰大学附属中学。小培源的少年时代就是在这样的一路辗转、频繁转学中度过，但他的学习一直未曾落下，而且正是这样的辗转经历，使他的眼界越来越开阔。

因为有着丰富的阅历，少年周培源直接感受到了政府的腐败、社会的动荡、列强的欺压、民族的危亡；因为眼界的开阔，他渐渐明白了作为中国青少年所应负的责任和使命。在上海圣约翰大学附属中学读书不到两个学期，轰轰烈烈[4]的五四运动爆发，当时 17 岁的周培源胸中的激情被点燃，他积极参加反帝爱国运动，上街游行贴标语。没想到的是，学校竟然以此为由把他开除了。

为了不让从小就对自己寄予了厚望的父亲失望，被开除的周培源只好悄悄回到宜兴老家，躲进一座古庙内潜心读书。在这里，少年周培源重新思考了自己的前途，决定要刻苦读书，走科学救国之路。当时恰逢清华学校在江苏招生，天资聪颖且基础扎实的周培源一举中榜。那一年的秋天，周培源离开家乡北上清华求学，踏上了向科学进军的征程。

好词解释

①书香门第：旧时指读书人家，泛指好的家庭背景。

②滚瓜烂熟：像从瓜蔓上掉下来的瓜那样熟。形容读书或背书流利纯熟。

③通衢要道：通衢，四通八达的大道。要道，要冲的道路。指四通八达且位居要冲的道路。

④轰轰烈烈：形容事业兴旺。也形容声势浩大，气魄宏伟。

精彩句段分析

因为个头小，戴着小绒帽、摇着小辫子的小培源不仅需坐在教室最前排，还要坐上为他特制的高腿竹椅，才能正常俯身在课桌上写字。

这段文字形象描绘了小培源刚入学时的可爱模样。小绒帽、小辫子，是那个时代里孩童的典型外貌特征。但坐教室最前排，坐特制的高腿竹椅，这可是小小年纪就入学的小培源所特有的状态。形象生动，栩栩如生，让人读着不觉莞尔。

阅读收获

在周培源的成长故事里，我们可以看到一个关键词，那就是“转学”。转学固然有不好的一面，处理不好，会影响孩子正常的学习、生活习惯的养成。但在周培源这里，我们却看到，不断的转学竟使好学的他增长了阅历、拓宽了视野。所以说，所有的外界干扰都不能成为我们不努力的理由，都有可能会从另外一方面促进我们更快成长。

读后问一问

你有过转学的经历吗？这样的经历对你的影响是什么？

★苏步青 [1902—2003]　　阅读关键词：心怀感恩

浙江平阳人

成就：我国著名数学家、教育家，中国仿射微分几何学派创始人，被誉为“东方国度上灿烂的数学明星”“东方第一几何学家”“数学之王”。主要从事仿射微分几何学研究。

心怀感恩的苏步青

“数学之王”苏步青小时候并没有在数学上显露出多大能耐，甚至常常被同学嘲笑，这是怎么回事儿呢？

因为家境不好，小时候的苏步青在穿着上时常被同学嘲笑。再加上学习成绩不好，更是被同学看不起，被老师罚站。这些都让苏步青觉得痛苦不堪。好在他从小就喜欢看书，写起作文来倒是得心应手[1]。有一次，他写了一篇非常出彩的作文，当语文老师念到他的名字时，他坐直身板等着老师表扬，想着终于可以在同学面前扬眉吐气[2]一回了。没想到，老师竟怀疑作文是他抄的。备受打击的苏步青索性自暴自弃起来，不学习不看书，还经常逃课，考倒数第一也觉得心安理得[3]。直到教他地理的陈老师一语点醒了梦中人。

陈老师知道苏步青是个聪明的孩子，早就在暗暗观察他了。有一次，陈老师问苏步青为什么逃课，苏步青嗫嚅着回答说，自己太笨，没人看得起他。陈老师便给他讲了牛顿的故事：12 岁的牛顿从乡下到城里读书，成绩不好，也经常被同学欺负，但不服输的牛顿通过自己的发愤努力，不仅使自己的学习成绩成了全班第一，长大之后还成了伟大的科学家。

陈老师接着说："被别人看不起，你就放弃努力了？一个连自己都放弃自我的人，凭什么要让别人瞧得起？一个有出息的人是不会轻言放弃的，越是被人瞧不起，越是要发愤努力自我拯救的！"陈老师的这番话如同炸雷一般惊醒了苏步青。从此，他开始认真学习，尽着自己最大的努力向前冲。

可以说，是陈老师的出现改变了苏步青的一生。苏步青后来在《神秘的符号》一书里深情地写道："陈老师的一席话是我人生的一个转折点。1931 年，我在日本获得理学博士学位后回乡探亲。小山沟里出了大博士，来探望的人络绎不绝④。我一眼就认出了站在远处头发花白的陈老师。我叫着恩师的名字，并恭恭敬敬地将他请到台前。陈老师对周围的人说：'有这样的学生，也算不枉度此生。'我连忙说：'没有恩师当年的教诲，学生不敢奢望有今日。'临走时，我特地雇了一乘轿子，请陈老师上轿，自己跟在后面步行三十多里地，将老师送回家去。"

因为自己的经历，苏步青早早懂得了教书育人的重要性，后来，当在国际数学界已经颇有声誉的时候，他毅然婉拒了日本学术界的挽留，携着满腹的才学和满腔的壮志，回到国内开始了他的执教生涯。

苏步青用自己一生的努力，发展了微分几何，开创了新的学派，更是将中国的几何数学引入到了一个全新的境界。与此同时，他还怀着一颗感恩的心，为祖国培养了一大批优秀的数学人才，其中还包括多个后来的中国科学院院士。

好词解释

①得心应手：心里怎么想，手里就能怎么做。形容运用自如。

②扬眉吐气：形容被压抑的心情得到舒展而快活如意。

③心安理得：自信事情做得合理，心里很坦然。

④络绎不绝：前后相接，连续不断。

精彩句段分析

被别人看不起，你就放弃努力了？一个连自己都放弃自我的人，凭什么要让别人瞧得起？一个有出息的人是不会轻言放弃的，越是被人瞧不起，越是要发愤努力自我拯救的！

老师的这段教导非常振聋发聩，警人深省。当被人看不起或嘲笑的时候，我们千万不可一味地埋怨别人的不理解或不懂事，我们更应该去做的，是认真进行反思，反思自己是不是那个努力的人，是不是值得被人尊重。无论成绩好坏、成就高低，凡是努力的人，凡是懂得自我奋起的人，都值得被人尊重。

阅读收获

自暴自弃的少年幸好遇到了一位好老师，遇到了敲醒了他的那个人。所以，后来成了著名数学家的苏步青出于感恩的心，毅然选择了教书育人的职业。故事除了告诉我们要感恩之外，更让我们懂得：无论何时，我们都不要轻言放弃。

读后问一问

当同学嘲笑你或老师误解你的时候，你是怎么做的？

★ 赵九章 [1907—1968] 阅读关键词：自强不息

浙江湖州人

成就：我国著名地球物理学家、大气科学家、空间物理学家，中国动力气象学的创始人，中国人造卫星事业的倡导者和奠基人之一，中国现代地球物理科学的开拓者，东方红1号卫星总设计师，“两弹一星”元勋。

“偷光”自学的赵九章

赵九章出生在河南开封。祖上世代以中医传家，然而到了他父亲这一代，家道已然中落。为改变这种局面，父母省吃俭用地把小九章送进了私塾。

小九章聪明、勤奋，他还把“天行健，君子当自强不息”这句话刻在一块小木板上，放在书包里，用来时刻鼓励自己，所以，他的学习成绩一直名列前茅[①]。但家里的情况实在是越来越差，九章13岁那年，父母实在无力供他继续念书了，他只好辍学到一家小店铺里做起了学徒。只是，少年赵九章始终没有放弃读书、学习。白天，他勤恳工作，卖力干活；晚上，他则忍着一天的疲惫熬夜攻读。

有一天，夜已经很深了，但埋头苦读的赵九章丝毫没有发觉。老板娘起来上厕所，发现了阁楼上有灯光，爬上来一看，见赵九章仍在看书，气得火冒三丈[②]，当即破口大骂起来：“你这该死的东西，深更半夜了还在这里熬灯油，灯油不要钱啊？

快给我把灯熄了！”赵九章没办法，只得熄了油灯。

怎样才能在夜里继续读书而不被老板娘发现呢？聪明的小九章自有办法：他做了一个上尖下圆的灯罩，糊上厚厚的、不透光的纸，在灯罩一侧开一个小孔，光透过小孔射出来，既能照亮书上的两三个字，又不易被老板娘发现。就这样，每天晚上等老板一家睡后，小九章就在油灯下不停地移动手中的书，几个字几个字地坚持着阅读。

只是，老板娘很快发现，她眼中的“书呆子”赵九章自从被骂之后，再没看过书，她就觉得很奇怪。一天夜里，她又偷偷爬上阁楼，结果，赵九章的秘密又被发现。老板娘气得暴跳如雷[3]，把灯罩撕得粉碎，油灯也没收了。

夜里没法读书，赵九章就把书上的定义、公式、定理剪下来藏在口袋里，白天一有空闲就掏出来看看，从无懈怠[4]。半年时间，他就靠着这样的自学学完了初中的物理课程。赵九章的姑姑见他如此好学，决定资助他读书。这样，赵九章总算有机会进入了高中，继续他的求学之路。

高中毕业后，成绩优异的赵九章被派往德国留学。数年后，他带着满腹学问回国，随后一直致力于动力气象学、地球物理学、空间物理学等方面的研究，不仅为我国的气象学研究开创了新局面，还在信风带动力学方面做出了巨大贡献。除此之外，在其他科学领域，他也做出了很多突出的贡献。

对知识的无限渴求与不懈追求，是赵九章成功的重要原因。赵九章的成长故事告诉我们：学习期间要注意培养自己的学习兴趣，特别是物理、数学这些理科类课程，没有兴趣，学起来是非常枯燥的，效率也会很低。但一旦培养了浓厚的兴趣，即便是学习条件很艰苦，我们也会倾尽全力去克服，学起来也会幸福感十足。

好词解释

①名列前茅：指名次排在前面，形容成绩优异。

②火冒三丈：形容愤怒到极点。

③暴跳如雷：急怒叫跳，像打雷一样猛烈。形容又急又怒，大发脾气的样子。

④懈怠：松懈懒散，怠慢不敬，松散怠慢。

精彩句段分析

对知识的无限渴求与不懈追求，是赵九章成功的重要原因。

对知识的渴求，是特别想要学知识，像口渴的人急需要喝水一样。对知识的追求，是如何学知识，坚持，不停歇地学。有所渴求，才会去追求，一个是思想，一个是行动。渴求是原动力，追求是行动力。二者相辅相成，缺一不可。

阅读收获

本篇成长故事里最打动我们的是赵九章做学徒的时候，克服重重困难，仍然坚持读书学习的部分。全文最后，作者也进行了总结，提到了“兴趣”对一个人学习的重要性，也让我们看到：赵九章正是因为对读书学习，对物理学有着极大的兴趣，才会在那样艰苦的条件下，依然坚持着对知识的追求。

读后问一问

当你个人的兴趣爱好被父母以“耽误学习”的理由加以限制的时候，你打算如何继续发展你的兴趣爱好？

★华罗庚 [1910—1985]　　阅读关键词：自学成才

江苏金坛人

成就：我国著名数学家。中国解析数论、矩阵几何学、典型群、自守函数论等多方面研究的创始人和开拓者，以华氏命名的数学科研成果就有“华氏定理”“华氏不等式”等。

自学成才的华罗庚

被誉为“中国数学之神”“中国现代数学之父”的华罗庚，勤奋是出了名的。

华罗庚从小就特别爱动脑筋，常常因为思考问题过于专心而闹出一些笑话，小伙伴儿们还因此给他取了个绰号——“罗呆子”。但也正是因为从小爱动脑筋，小学期间，华罗庚的学习成绩在学校一直名列前茅。尤其是对数学，华罗庚似乎有着天生的喜爱。每学期伊始，新的数学课本发下来，他就迫不及待[1]地第一时间一页页细细翻看，废寝忘食、接二连三对一道道题进行思考、演算。往往是开学没几天，他就已经把整本数学书全都研究学习了一遍。

华罗庚进入初中后，老师很快就发现了他的数学才能，以及对数学的那种异乎常人的喜爱。所以，初中三年，数学老师也是竭尽全力地对他加以培养。只是，初中毕业后，因为家里实在缴不起学费，华罗庚不得不辍学回了家。

没有学上的日子里，华罗庚就一边帮父亲打理家里的那间小杂货铺，一边继续研究自己心爱的数学。杂货铺的生意并不好，难得有顾客去，所以，华罗庚倒有大把的空闲时间用来学习。只是，每次一沉浸到数学世界里，华罗庚都能进入茶饭不思[②]、物我两忘[③]的状态。难得有顾客进门，顾客站在那里喊半天，他都没有反应，顾客只好悻悻地空手离去。这样的次数多了，父亲忍无可忍，就把他的练习本、演草本统统撕得粉碎扔到大街上或火炉里。华罗庚拼命护着自己的宝贝，发誓再也不这样了。

好在，晚上的时间是属于华罗庚自己的。闷热的夏夜里，别人都出去乘凉了，他却躲在屋子里一边喂蚊子一边学数学。寒冷的冬夜里，因为一直坐在那里埋头苦学，脚被冻得失去了知觉，他就用脚磨墨。甚至不幸染上了伤寒，左腿也因此留下残疾的时候，他都没有放下对数学的研究与学习。

初中毕业后辍学在家的整整五年时间，华罗庚就是依靠着这种异乎常人的刻苦与勤奋，自学完了整个高中阶段和大学低年级阶段的全部数学课程。19 岁，他已开始在各类专业杂志上发表数学论文；20 岁，更是因为在著名的《科学》杂志上发表的一篇论文而轰动整个数学界。时任清华大学数学系系主任的熊庆来慕名来访[④]，邀请华罗庚到清华大学数学系任教。到了清华大学，身为助教的华罗庚依旧勤奋如学子，最新的数学研究成果很快又引起了国际数学界的注意。四年之后，华罗庚被保送至剑桥大学留学。

从一个初中毕业生成长为一个伟大的、杰出的数学家，在这个世界上，估计也就华罗庚一人了。他用自己的勤奋使“华罗庚”这个名字在数学领域留下了光辉的一笔，也为年轻人树立了学习的榜样。

好词解释

①迫不及待：急迫得不能等待。形容心情急切。

②茶饭不思：没有心思喝茶吃饭。形容心情焦虑不安。

③物我两忘：指创作时艺术家的主体与创作对象的客体浑然为一而兼忘的境界。

④慕名来访：肯定和赞赏对方在当地的名声而前来拜访。

精彩句段分析

闷热的夏夜里，别人都出去乘凉了，他却躲在屋子里一边喂蚊子一边学数学。寒冷的冬夜里，因为一直坐在那里埋头苦学，脚被冻得失去了知觉，他就用脚磨墨。

这段话用最简略的语言表现就是“夏练三伏，冬练三九”。文中这样的描写形式，使得华罗庚痴迷数学、努力自学的形象更加具体、生动。

阅读收获

初中毕业，依靠自学成为一代数学大家，这不能不说是一个奇迹。但就是有人能够亲手创造这种奇迹。事实上，又哪有那么多的奇迹呢？如果真的有奇迹，那奇迹就是，这样的人付出了异乎常人的、如同奇迹般的刻苦与努力。

读后问一问

你参加过“华罗庚杯”数学竞赛吗？

★ 钱学森 [1911—2009] 阅读关键词：良好家教

浙江杭州人

成就：我国著名科学家、空气动力学家，中国载人航天奠基人，中国“两弹一星”功勋奖章获得者，被誉为“中国航天之父”“中国导弹之父”“中国自动化控制之父”和“火箭之王”。

少年钱学森

钱学森出生在上海，祖籍浙江杭州。杭州钱家是一个颇有社会声望的家族。他们是吴越国王钱镠的后裔。历史上，曾有众多的政治家、文学家和学者出自这个家族。当代也有众多的政治家和学者出自这个家族，诸如钱其琛、钱正英、钱学森、钱伟长、钱三强、钱锺书、钱复等，实在是人才辈出①。钱学森的父亲钱均夫就是一位著名的教育家。

博学多才、谦恭自守②的钱均夫深受进步思想影响，曾在上海成立学堂，专门教授热血青年投身民主革命。正是这样一位教育家父亲为幼时的钱学森开启了智慧的大门，他求实、创新的人生态度，对钱学森的成长影响深远。

幼时的钱学森天资聪颖，悟性极高，记忆力特强。3岁能背百首唐诗宋词，以及《增广贤文》与《幼学琼林》，同时还能心算加减乘除。周围邻居都说钱家出了个神童。面对如此聪慧的儿子，钱均夫和妻子章兰娟深感自己肩上担子之重，并发誓一定要把儿子教育好。

5岁时的钱学森，思想已不再天真幼稚，而是心怀远大志向。听完《水浒传》的故事，他被书中那一百单八将路见不平拔刀相助[3]的英雄气概震撼；之后，又在父亲那里得知，诸如诸葛亮、岳飞、孙中山等人也同梁山好汉一样是社会的救世主、人民的英雄。有一天，小学森对父亲说："我也要做一名英雄！"父亲高兴地说："你当然可以做英雄，但是必须先要好好读书，努力学习知识，然后才能贡献社会。"在那之后，"学习知识，贡献社会"这八个字成了钱均夫的家训，深深印在了钱学森幼小的心灵里。

母亲章兰娟出身杭州富商之家，多才多艺，性格开朗，心地善良，更重要的是，她计算能力与记忆力极强，具有很高的数学天赋。因为钱均夫平时多在外工作，教育小学森的责任自然落在章兰娟身上。母亲给小学森每日安排的功课是：清晨准时起床，加强身体锻炼，早饭后背诵唐诗，下午画画或写毛笔字。累了，看一下儿童读物。每日如此，从不间断，让钱学森从小就养成良好的读书习惯。

随着年龄的增长，小学森对知识的需求越来越强，开始将目光转向父亲的大书橱。母亲对于儿子强烈的求知欲感到由衷高兴，于是和儿子一起，从那些大部头的图书中挑选一部分适合小学森的、小学森喜欢的，让小学森读；甚至，很多时候，都是母亲和小学森共读一本书，读后分享书中内容。良好的阅读习惯、广泛的知识涉猎，都为钱学森日后的成功打下了基础。

正是在父母的言传身教之下，少年钱学森不仅拥有了"科学救国"所需的最基本的学识基础，更重要的是，还拥有了胸怀天下[4]、为国为民的优良品德。

好词解释

①人才辈出：形容有才能的人不断地大量涌现。

②谦恭自守：谦虚恭敬，洁身自好。

③拔刀相助：形容见义勇为，打抱不平。

④胸怀天下：心中有国家，表示爱国。

精彩句段分析

“学习知识，贡献社会”这八个字成了钱均夫的家训，深深印在了钱学森幼小的心灵里。

学习那么辛苦，我们为什么还要努力去学？学习的目的是什么？为中华之崛起而读书，为贡献社会而读书，但凡伟大的人物都有这样的大境界大目标。其实，就算做不到这样，为提高自身学识，为实现自我的价值，我们也是需要努力学习知识的。

阅读收获

良好的家庭氛围，特别是父母都是积极好学之人，孩子自然不会差到哪里去。更何况像故事里钱学森的父亲为教育家，母亲为新时代的知识女性；再加上钱氏家庭有数百年来的优良家风传承，还有人才辈出的大环境影响。不过，这些都是外在的客观条件，一个人能否成才，关键还是要看他自身是否付出了切实的努力。

读后问一问

杭州钱家人才辈出，你能列举出一些钱氏名人的名字，并说出他们各自的贡献吗？

★钱伟长 [1912—2010]　　阅读关键词：后来居上

江苏无锡人

成就：我国著名科学家、教育家，杰出的社会活动家，在弹性力学、变分原理、摄动方法等领域有重要成就，为中国的机械工业、土木建筑、航空航天和军工事业建立不朽功勋，是中国近代“力学之父”“应用数学之父”。

偏科生钱伟长

钱伟长出生在江苏无锡。祖父、父亲和叔叔都是乡村教师出身。在知识渊博的父亲和叔叔的引导之下，小伟长打下了坚实的国学和历史基础。

在伟长的小学及初中时期，由于军阀混战，小伟长不得不随着父母四处逃难，失学在家的事时常发生。十多年的小学、初中生活，小伟长真正的上学时间，加起来也不到五年。国学、历史知识有来自家庭的自幼的熏陶，成绩一直优异；但数学、物理、化学这些需要接受系统教育的学科，缺课太多的伟长只能是一知半解；外语压根儿没有学过……

16 岁那年，伟长在家人的帮助下，终于有机会进入苏州高中学习。开学时的摸底考试中，伟长的数理化及英语成绩毫无意外地考得一塌糊涂[①]：物理 5 分，数学、化学总共 20 分，英文更是 0 分。好在，读书生活算是就此安定了下来，伟长也打算在接下来的三年内恶补被落下的课程。没想到，入学刚一个月，父亲就因病去世了，仰仗[②]朋友资助，一家人才免于饥饿和露宿街头。伟长三年的高中，也全仗着四叔钱穆的资助才得以完成。因此，高中三年里，懂事的伟长一边省吃俭用，一边竭力学习各科知识，不管喜欢与否，都努力学习。当时，伟长对未来的设想，就是能在高中毕业后当上一名教师，尽早承担起养家的责任。但由于基础实在太差，高中毕业时，伟长的数理化成绩勉强从全班倒数赶到了中下水平。伟长听从四叔的建议，参加了清华大学的招生考试，结果竟以中文和历史两个满分的成绩考入清华大学历史系。

但就是这样一个在文史上极具天赋、数理上极度瘸腿的学生，一夜之间竟做出一个大胆决定：弃文从理。1931 年 9 月 18 日，日本发动震惊中外的“九一八事变”，侵占了我国的东北三省。听到这个消息，伟长拍案而起[③]，他说：“我不读历史了，我要学造飞机大炮，要转学物理以振兴中国军力。”可想而知，历史系老师怎会愿意放他走，物理系老师又实在不愿接收物理基础极差的他。为此，钱伟长缠了物理系领导一个星期。人家每天八点上班，他六点半就等在他的办公室。由于不堪纠缠，物理系领导只得答应，不过，还是与伟长立下了一个“君子协议[④]”：如果一年之内，他的数学和物理成绩仍在八十分以下，就将他退回历史系。

为了能尽早赶上课程，钱伟长早出晚归，来往于宿舍、教室和图书馆之间，除了吃饭、睡觉，将所有时间都用在了学习上。物理系老师见他如此刻苦，也就经常教他一些正确的学习方法。经过坚持不懈的努力，第一学期结束时，伟长的物理总算及格了；学年结束，数学、物理、化学、外语竟都考了八十多分，他也因此正式进入物理系学习。就此，偏科生钱伟长总算是踏进了物理科学的大门。

好词解释

①一塌糊涂：形容混乱或败坏到了不可收拾的程度。

②仰仗：依靠，依赖。

③拍案而起：指一拍桌子愤然站起来，形容非常愤慨，也形容对反动势力不屈服。

④君子协议：双方不经过书面签字，只以口头承诺或交换函件而订立的协定。

精彩句段分析

但就是这样一个在文史上极具天赋、数理上极度瘸腿的学生，一夜之间竟做出一个大胆决定：弃文从理。

放弃自己最擅长的文科，选择了自己偏科最严重的理科。这可不是一般人能具有的魄力与勇气啊！但也正是这样的勇敢少年，这样有担当有骨气的青年，才有希望成为未来的大家，才能获得最大的成功。

阅读收获

钱伟长偏科实在是太严重，这是那个特殊的年代里，无法保证的学习环境决定的。但他最终选择了把自己基础最差的学科当作自己未来职业发展的方向，这种“明知山有虎，偏向虎山行”的勇敢与魄力，实在是令人佩服；钱伟长勇敢挑战自我，不轻言放弃的精神，更值得我们学习。

读后问一问

你的学习有没有偏科的情况存在？你打算如何对待自己不擅长的学科？是放弃抵抗，还是勇敢挑战？

★钱三强 [1913—1992] 阅读关键词：全面发展

浙江湖州人

成就：我国著名核物理学家，原子能科学事业的创始人，“两弹一星”元勋。在核物理研究中获多项重要成果，为中国原子能科学事业的创立、发展和“两弹”研制做出了突出贡献。

绰号成真名的钱三强

钱三强，原名钱秉穹。他的父亲是我国著名的国学大师、语言学教授和五四新文化运动的闯将钱玄同。国学大师给自己的儿子取名字，肯定不俗。秉穹，寓意“掌握苍穹”“控制宇宙”，钱玄同给儿子取了这样一个霸气的名字，也足见他对儿子寄寓了厚望。那么，钱秉穹怎么就变成了众所周知的“钱三强”呢？这事儿还要从钱秉穹上中学时说起。

钱玄同对儿子钱秉穹的教育始终是秉持着趋新开放[①]的态度：让他接受新式的学校教育，自己选择学习的专业。所以，钱秉穹从小就在父亲的引导之下，自由发展着自己的爱好。他爱读书，父亲就给他订了很多少年杂志，准备了许多课外读物。这些课外读物极大丰富了钱秉穹的课外生活，开阔了他的视野，小小年纪的他已经打下了坚实的阅读基础。除了爱阅读，钱秉穹对其他各科知识都有着浓厚的兴趣，充满着好奇心。他喜欢演算数学，也喜欢画画、唱歌，还酷爱篮球和乒乓球。

钱秉穹是在由蔡元培担任校长的孔德学校读的中学。在孔德学校读书期间，钱秉穹有两个十分要好的同学，三个孩子按年龄排，钱秉穹年龄最小，排在第三位。除此之外，三个孩子中，虽然钱秉穹个头最小，但因为有从小打下的基础，他的体育成绩却是最好的，身体倍儿棒，甚至成了学校篮球队的主力。因此，同学们就给钱秉穹取了个“三强”的绰号。

很快，儿子“三强”的绰号被钱玄同获知了，他觉得这个绰号尽管是同学之间的玩笑话，可作为名字也未尝不可[②]，更何况同学们已把“钱三强”这个名字叫开了，钱玄同索性顺势给儿子改了名，并告诉他：“秉穹，这个‘三强’应该有三层新的含义：身体强、学习强、品德强，这三点应该成为你的座右铭。”从此，“钱三强”就成了钱秉穹的正式名字，几十年后这个名字响彻中国。

也正是在孔德学校学习期间，钱三强对孙中山的《建国方略》中提到的“实业计划”产生极大兴趣，在那个时候，他便立志将来要学工科，成为一名工程师。作为父亲的钱玄同发现儿子的这个志向后，自然更是全力支持。16 岁那年，在父亲的支持下，钱三强考入了北京大学预科班；三年之后，又正式考入清华大学，开始接受近代物理学的系统教育。“别忘记，你是属牛的，要拿出一股牛劲来。”这是钱玄同鼓励儿子钱三强时，最常用的一句话。钱玄同还题赠了“从牛到爱”四个字给钱三强，鼓励他积极学习牛顿和爱因斯坦。钱三强把这四个字当作自己一生的座右铭，终生挂在室内举目可及[③]的地方。也正是在父亲的鼓励下，钱三强获得了极大的动力，坚定了学好物理的决心，勇敢地攀登科学高峰，一步一步走向了成功。

好词解释

①趋新开放：舍弃旧俗，追求新潮；解除限制，释放自我。

②未尝不可：并不是不可以。

③举目可及：抬起头就可以看见，形容近或者到处都是。

精彩句段分析

别忘记，你是属牛的，要拿出一股牛劲来。

钱三强出生在1913年，属相是牛。“牛劲”，即指要像牛那样不畏艰苦，踏踏实实地埋头苦干；还包含有一旦做了决定，定下了目标，就会坚持到底的一股子倔强劲儿。

阅读收获

钱三强是幸运的，因为他有钱玄同这样的父亲，允许他自由发展自己的兴趣爱好，并从中发现、确定自己的长远目标；无条件地支持他，语重心长地引导他。但细想一下，我们的父母又何尝不是这样呢？重点还是要落在我们自己身上，在父母提供的良好条件的基础上，我们唯有付出自己应有的刻苦与努力，方能不辜负父母，对得起自己。

读后问一问

钱三强名字里的“三强”具体是指哪三强？

★ 邓稼先 [1924—1986]　阅读关键词：家国情怀

安徽怀宁人

成就：我国著名物理学家，中国核武器理论研究工作的开拓者和奠基人之一，为中国核武器、原子武器的研发做出了重要贡献。主要从事核物理、中子物理、等离子物理、统计物理和流体物理方面的研究。

邓稼先的家国情怀

邓稼先从小就非常爱国。他13岁那年，震惊中外的“七七事变”爆发，日本侵略者遍布我国的北平城。当时，日本侵略者有个规定：凡是中国百姓从日本兵面前经过，都要向其行鞠躬礼。邓稼先虽然还不能完全明白这是怎么回事儿，但他也懂得这是一种侮辱，于是，他宁愿绕道走，也不去向侵略者行礼，以免自己的人格受到玷污。

邓稼先对侵略者的这种痛恨，源自他有一个爱国的父亲。一天，父亲的一位老朋友夹着伪政府的公文包到邓家来拜访。那位朋友刚一进门，向来对人和善的父亲顿时勃然大怒[1]，非常严厉地叱责他：“你来干什么？这里不欢迎你这样的人！”来人知道邓先生是嫌他替日本人办事儿，正想为自己辩解几句，父亲已下了逐客令[2]：“请你出去！”受父亲的影响，少年邓稼先已产生了最朴素的爱国意识。

那时，日本侵略者每占领一座中国城市，就强迫中国人去参加集会，庆贺他们的胜利；如果不去，就会被杀头。有一次，侵略者又逼学生们去集会。邓稼先虽然很气愤，但又不能不去。集会刚开始，他就将发给他的日本小国旗撕了个粉碎，扔到地上狠踩两脚，觉得很是扬眉吐气。但这一幕被一个便衣特务看见，特务找到校长，要校长交出这名学生。

校长知道这事儿是邓稼先干的，出于对学生的保护，竭力将这事搪塞[3]了过去。随后，校长找到邓稼先的父亲，告诉他：“邓稼先已被人盯上，迟早会出危险。万一落到日本人手里，可就不妙了。安全起见，应该想办法让他离开这里。”

事情到了这个地步，父亲只得同意将儿子送到外地。临行前，家里准备了一顿丰盛的晚餐，只是谁都吃不下去。父亲坐在一把老式木椅上，以从没有过的目光打量着自己的这个儿子，良久，他才坚定地说：“稼儿，你还年轻，正是学知识的时候。你出去之后，不要像我一样学文，学文对国家能有多大用处呢？你一定要学科学。这么多年以来，我们的国家之所以一直处于贫穷落后、受人欺凌的困境中，一个很重要的原因就是我们的科学技术不如人啊。只有掌握了足够多的科学知识，我们才能为拯救祖国尽自己的一份力啊。”

邓稼先把父亲的话深深印在脑海里。就这样，16 岁的他离开了北平，开始了新的求学历程。他始终牢记父亲的嘱托，决心掌握更多的科技文化知识，将来好报效祖国。

抱着学科学、强祖国的志向，邓稼先于 1947 年通过赴美研究生考试，于第二年进入美国普渡大学的研究生院。由于学习成绩突出，两年不到他便修满学分，并通过博士论文答辩。此时他只有 26 岁，人们都称他为“娃娃博士”。就在取得博士学位后的第九天，邓稼先放弃在美国优越的生活和工作条件，毅然踏上了归向一穷二白[4]的祖国的路途。

好词解释

①勃然大怒：指突然变脸大发脾气，形容人大怒的样子。

②逐客令：源自战国时期秦王嬴政曾下令驱逐从各国来的客卿。后指主人下令赶走不受欢迎的客人。

③搪塞：指敷衍塞责，随便应付。

④一穷二白：形容基础差，底子薄。穷，指工农业不发达。白，指科学文化水平不高。

精彩句段分析

只有掌握了足够多的科学知识，我们才能为拯救祖国尽自己的一份力啊。

造成一个国家贫困落后的因素有很多，最显著的原因除了科技的不发达，还有政治的不清明。所以，在那个时代里，很多仁人志士要么在政治上进行探索或革命，要么就像邓稼先这样走“科学救国”的道路。无论走什么样的路，毫无疑问，他们都在为祖国的强盛奉献着自己的一份力量。

阅读收获

即便是在当今的和平年代，如果我们留意国际风云局势，依然可以看到，我们眼下所享受的现世安稳，其实是有许多人在努力地为我们遮风挡雨、负重前行。家国情怀，无论何时，我们都不能丢。为国家的更加富强而读书，是每个当下的少年人应有的担当。

读后问一问

谈一谈你对“落后就要挨打”这句话的理解。

★ 袁隆平 [1930—] 阅读关键词：心系苍生

江西德安人

成就：中国杂交水稻育种专家，中国研究与发展杂交水稻的开创者，被誉为“世界杂交水稻之父”。发明“三系法”籼型杂交水稻，成功研究出“两系法”杂交水稻，创建了超级杂交稻技术体系。

“大地之子”袁隆平

袁隆平出生在北京。父亲原是一位教育工作者，后投身到革命事业中；母亲是一名新时代的知识女性。由于父母都是新时代的知识分子，所以，袁隆平从小就接受着知识的熏陶，养成了勤学好问的好习惯。

在袁隆平的童年时期，由于时局动荡，小隆平随着父母辗转到了湖北汉口，在那里入了小学。即使是在颠沛流离①的日子里，从小在花红柳绿的江南长大的母亲，依然在竭力使一家人的生活过出更多的亮色来。她每天都会从汉口码头附近的荒滩上采来一束野花，带回家中插在瓶里，摆放在窗台上。娇嫩的花朵在敌机的狂轰滥炸、弹片纷飞里，一直倔强地开着。母亲的这种乐观从容的人生态度，深深影响着小隆平。

日寇的铁蹄在我国的国土上肆意践踏，家园、土地成了那段岁月里最为人们关切的话题。看着窗外远处日本战机轰炸后留下的残垣断壁，母亲给小隆平讲述起历代民族英雄为捍卫国土浴血奋战的故事。“国土是神圣的。历史上多少仁人志士所演绎的壮怀激烈[2]的篇章，都与国土紧紧相连。”母亲又给他讲女娲抟土造人[3]的故事，最后说：“我们吃的粮食是土地里长出来的，穿的衣服是用从土地上收获的棉花织成的布做的，住的房子是拿用土烧成的砖盖起来的……总之，我们的衣食住行都离不开土地。所以说，土地是生命之源。”面对着眼前深重的国家灾难，母亲一改往日的温婉，一下子变成了慷慨激昂的诗人，小隆平也深受感染。“土地”这个被烧烫的词语就像一颗种子深深埋在了小隆平的心田上。

离汉口不远，有一个神农洞。看到很多人在神农洞前朝着神农的塑像虔诚祷告，小隆平禁不住问母亲：“为什么大家这么敬重神农？”母亲便给他讲神农“创耕耘，植五谷，训禽兽”的故事。听着神农的故事，再看眼前祭拜的人群，小隆平禁不住也恭恭敬敬地行了三个鞠躬礼。

如果说神农氏的故事为袁隆平的学农之门打开了一条缝，那么，那次果园之行则彻底为袁隆平打开了立志学农的大门。那一年初秋，小隆平随母亲到汉口郊区一家果园采果子。对于在城里住惯了、从没见过农村果园的小隆平来讲，那简直是一次神奇美妙的大自然之旅。红红的桃子挂在树梢，桃林之间的空地上，间种着西红柿。附近还有一片绿意盎然的竹林……小隆平顿时爱上了这片美丽的田园，爱上了这绿色的世界。那片花果飘香的果园，在那段风雨飘摇[4]的岁月里，不经意间打动了一个孩子纯真的心，也就此奠定了他一生理想的基础，使他从此与“农”结下了不解之缘。也正是这片美丽的果园，最终改变了袁隆平一生的命运，进而在某种程度上改变了十多亿中国人的命运。

好词解释

①颠沛流离：由于灾荒或战乱而流转离散。形容生活艰难，四处流浪。

②壮怀激烈：奋发图强的志气在胸中剧烈激荡。

③抟土造人：抟土，把土揉捏成形。用土捏制成人。

④风雨飘摇：指在风雨中飘荡不定。比喻局势动荡不安，很不稳定。

精彩句段分析

那片花果飘香的果园，在那段风雨飘摇的岁月里，不经意间打动了一个孩子纯真的心……

花儿芬芳，果实飘香，人民安乐，岁月静好。这些在现今这个时代里最寻常的存在，在国土沦丧、人民流离的时代，却是最难得的。对于少年袁隆平来说，那美好的场景如同世外桃源，那美好的场景也正是他毕生所追求的。

阅读收获

本篇故事从三个角度写了袁隆平少年时期的成长经历。国土沦丧，历代英雄为夺回被侵占的土地浴血奋战，我们更应珍惜我们所拥有的每一寸土地。在神农氏的故事里，他看到人们对土地的敬重。最后，果林之行，他又在自己未来的梦想里描画了一幅岁月静好、花果飘香的美好场景。

读后问一问

袁隆平的突出贡献主要有哪些？查资料，详细了解一下。

★屠呦呦 [1930—] 阅读关键词：志存高远

浙江宁波人

成就：世界著名药学家。多年从事中药和中西药结合研究，突出贡献是创制新型抗疟药青蒿素和双氢青蒿素。因发现了青蒿素这种可以有效降低疟疾患者的死亡率的药品，获得诺贝尔奖。

“课堂医生”屠呦呦

屠呦呦出生在浙江宁波的一个中医世家，父亲是一位开堂坐诊的老中医。在给自己几个孩子中这唯一的女儿取名字时，老父亲翻看了很多资料，最后看到《诗经》中的“呦呦鹿鸣，食野之苹”一句时，十分喜欢“呦呦”二字，便将它们作为女儿的名字，希望女儿能够像小鹿一样快乐成长。

父亲是一位爱钻研的人，一有空闲便在书房翻看医书，每当这个时候，小呦呦就会出现在他身边，也拿本医书来看。虽看不太懂文字，但好在医书中配有许多插图，这同样给小呦呦带来了无限的阅读快乐。久而久之[1]，很多的经典医学图书，小呦呦都有过亲密接触，她也因此慢慢爱上了医学。

日子一天天过去，小呦呦慢慢长大，不再满足于书房，而是越来越多地出现在父亲的诊所里，不仅成了父亲的小帮手，还俨然是一个偷师学艺的小学徒。有一天，小呦呦正缠着父亲问这问那时，诊所里来了一位重症病人。据病人自述，他已去过不少地方，病情始终不见好转。父亲认真察看了病人的情况，又问了许多问题，一时也未能找出病因。那天晚上，父亲饭都没吃便躲进了书房，小呦呦心里也替父亲着急。

第二天一大早，小呦呦便跑到了诊所。昨天的那个病人正在接受着父亲的治疗。原来，辛苦研究了一夜的父亲终于找到了病因，正为病人对症下药[②]呢。看着父亲忙碌的身影，小呦呦顿觉父亲的身影特别高大，小小年纪的她也不禁憧憬起自己穿上白大褂给人治病时的模样。几天之后，那位病人又来了，病情完全好转的他送来了锦旗。亲眼目睹了整个事情经过的呦呦越发觉出医生这一职业的伟大了。

那时候，父亲不仅要坐诊，还需经常外出采药。小呦呦自然不会放过这样远足的大好机会。父亲背着背篓钻丛林，她也紧随其后；父亲抄起铁铲挖草药，或捧起药草嗅闻，她也比葫芦画瓢[③]地照做不误。遇到搞不清楚的问题，她就不停地追着父亲发问。

就这样，待到读中学的时候，呦呦俨然已经是一个“课堂医生”了。哪个同学肚子痛了，她就根据经验进行基本判断，给出建议；哪个同学摔跤破了皮，她就很专业地进行伤口处理。尽管呦呦的整体学习成绩并不拔尖，但这并不影响她对生物课的钟爱。每次生物老师在课堂上讲课，她都听得津津有味[④]，接二连三地提出各种问题。

16 岁那年，正读初二的呦呦不幸染上了肺结核，被迫中断学业。休学在家的日子里，深受病痛折磨的呦呦暗暗发誓，将来一定要做一名伟大的医者，不仅仅拯救自身，更要拯救更多身处病患之中的人们。两年之后，病情好转，呦呦才得以重返校园。转眼又是三年，高考选择报考专业时，呦呦毫不犹豫地选择了生药学专业。

好词解释

①久而久之：经过了相当长的时间。

②对症下药：医生针对患者病症用药。比喻针对事物的问题所在，采取有效的措施。

③比葫芦画瓢：比喻照样子模仿。

④津津有味：津津，兴趣浓厚的样子。指吃得很有味道或谈得很有兴趣。

精彩句段分析

呦呦鹿鸣，食野之苹。

呦呦，指鹿的叫声。苹，指艾蒿。这句诗句出自我国最早的诗歌总集《诗经》。在空旷的原野上，一群鹿悠闲地吃着野草，不时发出呦呦的鸣声，此起彼应，十分和谐悦耳，营造了一个热烈而又和谐的氛围。

阅读收获

屠呦呦走上医学这条路，很大程度上是受家庭影响。从身为中医的父亲那里，她小小年纪便学会了对医学典籍的研读，懂得了为医者的严谨及救死扶伤的伟大。而自身生病的经历也坚定了她学医的决心。从她少年时期的成长故事里，我们看到了培养兴趣、坚定信念与树立远大志向的重要性。

读后问一问

屠呦呦是哪一年获得诺贝尔奖的？

★ 陈景润 [1933—1996] 阅读关键词：痴迷沉醉

福建福州人

成就：我国当代著名数学家。主要从事解析数论方面的研究，在哥德巴赫猜想研究方面取得国际领先的成果，将哥德巴赫猜想的证明大大向前推进，这一结果被国际上誉为“陈氏定理”。

“丑小鸭”陈景润

陈景润出生在一个普通的职员家庭，生活原本过得还算安稳。但在他 4 岁那年，日本全面发动对我国的侵略战争，一家人仓皇逃进深山避难。为养活一家老小，景润的父亲奔波操劳；母亲先后生育十二个子女（最后存活六个），整日忙于操持家务、照料幼儿，根本无暇顾及对子女的教育。

在六个孩子中，景润排行老三，上有哥姐需父母谋划将来，下有弟妹需父母照料眼前，夹在中间的景润很容易被忽视。再加上他身体孱弱、瘦小，也实在不受父母哥姐的喜欢，因此，童年时期的小景润就像一个丑小鸭一样，沉默寡言[①]。

后来入了学，在同学当中，已习惯了沉默寡言的小景润的处境也好不到哪儿去。因此，他的性格就越来越内向、自闭。不擅交际的小景润就把所有的热情都投注在了对知识的追求上，因为只有遨游在数学王国的时候，他才能忘却遭遇的所有烦恼。对数字及图形符号的那份热情，在小景润这里，似乎更像是与生俱来[②]。

少年陈景润最大的幸运就是遇到了他的数学老师沈元。沈元是著名的空气动力学家、中国航空界的泰斗。他本在清华大学航空系任教，1948 年回福州家中料理家事，因战事滞留家乡，临时到母校英华中学任教。而当时，15 岁的陈景润恰恰就是沈元先生任教的那个班上的学生。

大学知名教授教中学数学，自有他的与众不同之处。沈元先生上课时，常常结合教学内容，用讲故事的方法，轻而易举[③]地就把那些少年人引入光怪陆离的科学世界，激起他们向往科学、学习科学的巨大热情。比如这一天，沈元先生就兴致勃勃地为少年们讲述了有关哥德巴赫猜想的故事。故事讲完之后，沈元先生总结道：“数学是自然科学的皇后，而这位皇后头上的皇冠，则是数论，我刚才讲到的哥德巴赫猜想，就是皇后皇冠上的一颗璀璨夺目的明珠啊！”

听完故事后，少年们议论纷纷，很是热闹，内向的陈景润却一声不响，他整个人在那一刻都“痴”了。这个沉静、少言、好冥思苦想的少年被沈元先生的讲述深深打动。在别的同学啧啧赞叹，但赞叹完了也就完了的时候，他却在一遍一遍地问自己：“你能摘下数学皇冠上的这颗明珠吗？”

虽然在这堂课上，沈元先生和陈景润之间并没有严格意义上的交流，但的确算得上一次心神之交，因为它让陈景润树立了愿意为之奋斗一生的目标！多年以后，陈景润从厦门大学毕业，几年后，被著名数学家华罗庚慧眼识中，调入中国科学院数学研究所。从此，在华罗庚的带领下，陈景润夜以继日[④]地投入到对哥德巴赫猜想的漫长而又卓绝的论证过程中。

好词解释

①沉默寡言：指人不声不响，很少说话。

②与生俱来：不依靠后天培养和教育，从一出生就拥有的特性或行为。

③轻而易举：形容事情容易做，不费力，省事。

④夜以继日：形容日夜不停。多指工作或学习等。

精彩句段分析

在别的同学啧啧赞叹，但赞叹完了也就完了的时候，他却在一遍一遍地问自己……

这样的场景是不是很熟悉？我们当中的大多数其实都是那些“别的同学”，老师在课堂上进行知识拓展，讲了一个神奇的故事，我们特别感兴趣地侧耳倾听。听完之后，一阵感叹，但也仅限于此，再没有其他更多思考。但就是有像陈景润这样的孩子，会认真去思考，甚至在这样的思考中不知不觉地为自己打开了一扇新知识的大门。

阅读收获

沉默寡言自有沉默寡言的好处，因为少言，我们才会把心思更多地停留在思考上。试想，如果整天只知道叽叽喳喳地说个不停，或是只顾着这个朋友那个朋友地打成一片，我们的大脑何时才会进行安安静静的思考？

读后问一问

你的周围有没有性格特别内向的同学？认清观察他，尝试走近他，或许你会有意料不到的收获。

快乐闯关

小朋友们，读完了这部分内容之后，你对我国近现代历史上的著名科学家是不是有了更多的了解呢？既然如此，那快来“快乐闯关”，检验一下你是否真正了解他们了吧。

一、对号入座：首先来检验一下你对这些科学家的身份与成就的了解有多少，快来连线吧。

詹天佑	数学家	发现青蒿素
李四光	药学家	中国导弹之父
竺可桢	生物学家	中国铁路之父
茅以升	气象学家	中国近代力学之父
梁思成	地质学家	世界杂交水稻之父
童第周	核物理学家	中国近代建筑之父
苏步青	科学教育家	主持建造钱塘江大桥
赵九章	铁路工程专家	中国地质力学创始人
华罗庚	建筑历史学家	成功设计中国原子弹
钱学森	地球物理学家	中国近代气象学奠基人
钱伟长	空气动力学家	中国实验胚胎学创始人
钱三强	土木工程学家	中国动力气象学创始人
邓稼先	杂交水稻专家	原子能科学事业创始人
袁隆平		中国解析数论学创始人
屠呦呦		中国微分几何学创始人

二、你是不是“词库小达人”呢？按照要求试着把下面的四字词语填写完整吧。

1. 把下面由反义词组成的四字词补充完整，体会构词的奇妙。

出生（　）（　）　朝令（　）（　）

阴差（　）（　）　寒来（　）（　）

2. 把下面由近义词组成的四字词补充完整，体会构词的奇妙。

穷途（　）（　）　天灾（　）（　）

跋山（　）（　）　耳提（　）（　）

废寝（　）（　）　攻城（　）（　）

娇生（　）（　）　风餐（　）（　）

风驰（　）（　）　鸡毛（　）（　）

3. 把下面包含比喻用法的四字词补充完整，体会构词的奇妙。

暴躁如（　）　对答如（　）

面如（　）（　）　了如（　）（　）

（　）（　）之地　（　）（　）之臣

三、在这些近现代科学家的成长故事里，有许多能够给我们以深刻启迪的句子，你摘抄下来的有多少？从中精选几句，摘抄到这里和大家一起分享吧。

★阿基米德 [前 287 年—前 212]　　阅读关键词：刻苦求学

古希腊人

成就：伟大的哲学家、科学家、数学家、物理学家、力学家，静态力学和流体静力学的奠基人，并且享有“力学之父”的美称，和高斯、牛顿并列为世界三大数学家。

以沙代纸的阿基米德

阿基米德出生在古希腊时期叙拉古城中的一个贵族家庭里。他的父亲菲狄阿斯是一位著名的天文学家兼数学家，知识渊博，为人谦逊。受家庭的影响，阿基米德从小就是一个很爱学习和思考的孩子，对天文学、数学，特别是古希腊的几何学有着浓厚的兴趣。

随着年龄增长，阿基米德发现，自己思考的很多问题在叙拉古都得不到解答，为此，小小年纪的他感到非常苦恼。一个偶然的机会，他听远航的人说，在亚历山大有一流的科学家和学者，他便同父母商议，要去亚历山大城求学。

博学的父亲知道，位于尼罗河口的亚历山大城，是当时世界的文化中心，学者云集，被世人誉为“智慧之都”。可从叙拉古到亚历山大城有着将近两千公里的距离，而且还要穿过地中海，小小年纪的阿基米德只身前去求学，能行吗？但是，阿基米德决心已定，父母耐不住他的再三恳求，也不愿扼杀孩子的求知欲望，只好答应了。就这样，11 岁的阿基米德告别父母，只身离开了叙拉古。

亚历山大真不愧是“智慧之都”，城中的图书馆里有着海量的藏书，这些书深深吸引着如饥似渴①的阿基米德。当时的书大都是羊皮书，因印刷术还未出现，书上的字都是一个一个手抄上去的，十分宝贵。没有纸笔，阿基米德就把书本上学到的定理和公式一点一点牢记在脑子里。他最喜欢的是数学，攻读数学就要画图形、推导公式、进行演算。没有纸，他就用树枝当笔，将大地当纸。可地面太硬，写上去的字看不清楚。阿基米德苦想了几天，又发明了一种“纸”：他把炉灰扒出来，均匀地铺在地面上，然后在上面演算。可是有时天公不作美，风一刮，这种“纸”就飞了。

有一天，阿基米德又像往常一样，一边在海边散步一边思考数学问题。无边无垠②的沙滩上，有细密而柔软的沙粒平平整整地铺展开来，思考中的阿基米德习惯性地蹲下来，顺手捡起一个贝壳，便在沙滩上演算起来。等一道题演算完毕，他才发现，自己已在沙滩上写下了一大片密密麻麻的字。阿基米德顿时兴奋起来，这沙滩还真是最好的学习地方，它既广阔又安静，一眼望不到头的沙滩更是天然的“纸张”。

从那以后，阿基米德便时常在海滩上徜徉徘徊③，以沙地为纸进行演算，进行思考和学习。这个习惯一直保持到他生命的最后一刻。公元前 212 年，罗马军队攻占了阿基米德的家乡叙拉古城。当时，已 75 岁高龄的阿基米德正在沙滩上全神贯注④地演算数学，对于敌军的到来竟毫无觉察。当罗马士兵拔出剑来要杀他的时候，阿基米德安静地说：“给我留下一些时间，让我把这道还没有解答完的题做完，免得将来给世界留下一道尚未证完的难题。”

好词解释

①如饥似渴：形容要求很迫切，好像饿了急着要吃饭，渴了急着要喝水一样。

②无边无垠：形容范围极为广阔。

③徜徉徘徊：陶醉于某事物当中，或犹豫不决时，在某一个地方来回地走动。

④全神贯注：全部精神集中在一点上，注意力高度集中。

精彩句段分析

给我留下一些时间，让我把这道还没有解答完的题做完，免得将来给世界留下一道尚未证完的难题。

这是阿基米德临死前说的最后一句话。正像故事中所讲的那样，阿基米德最后是被一名普通的罗马士兵杀害的。一代伟大的科学家仓促地被杀死之前，说出这样的一句话，透着无尽的悲凉与无奈。

阅读收获

梁衡的《数理化演义》一书中，对阿基米德的故事有着更为全面和详细的介绍。这里只是抽取了阿基米德刻苦学习的一面。透过故事，我们知道那么伟大的科学家直到七十多岁，直到生命的最后一刻仍在进行着科学研究，我们又有什么理由不努力呢？

读后问一问

采访一下你的爷爷奶奶，了解他们上学的年纪都是用哪些方式来练字或演算数学题的。

★ 哥白尼 [1473—1543]　　阅读关键词：好奇心重

波兰人

成就：文艺复兴时期波兰著名的天文学家、数学家。提出了“日心说”，更正了人们的宇宙观。用毕生的精力去研究天文学，为后世留下了宝贵的遗产。

充满好奇心的哥白尼

1473 年，哥白尼出生在波兰托伦城的一个富商家庭。

他的父亲原本经商，后来涉足政界，被委任为托伦市的市长。每当炎热的夏天来临之际，无论工作多忙，父亲都会到乡下的葡萄种植园中休假。除了带上自己的一家人，还特意邀请上城中的各界精英。当时的托伦城非常繁华，所以吸引了来自世界各地的名人在此定居。这些来自各个学科领域的精英，在哥白尼的家里欢聚一堂①，畅谈着艺术、科学、军事、文学……每当这个时候，小哥白尼都是最快乐的，因为他不仅可以在他们中间听到许许多多有趣的故事，还可以向他们提出自己心里满满的疑问。

哥白尼似乎天生就对这个世界充满着好奇，从小就非常喜欢问问题。他经常缠着爸爸妈妈问这问那，比如：太阳为什么总是从东边升起，从西边落下？晴朗的夜空有那么多星星，为什么到了白天却全都无影无踪？……每次都会把父母问得招架不住。所以，哥白尼的父亲把这些精英请到家中，一来是请这些精英为城市治理出谋划策[2]，二来也是为了让这些精英为充满着好奇心的小哥白尼答疑解惑[3]。也正是在这些精英的熏陶之下，上至天文、下至地理等许多知识，都在小小年纪的哥白尼的头脑里扎下了根。

哥白尼 10 岁那年，父亲去世，他被身为牧师的舅舅送到自己主办的教会学校读书。在教会学校学习期间，哥白尼遇到了一位对他一生影响非常大的老师。这位老师做了一种依照日照计时的仪器，这让对天文学很感兴趣的少年哥白尼十分佩服，所以，他经常到这位老师家中做客。

有一天，哥白尼又到这位老师家做客，老师不在。他顺手从书架上抽出一本书看起来，偶然看到老师在书中加的一条批注："火星和土星排成一种特殊的角度，预示着匈牙利国王将有很大的灾难。"就在这时，老师回来了，哥白尼迫不及待地问道："火星和土星只是天上的星星，它们怎能预示匈牙利国王的祸福呢？""怎么不能呢？"老师反问，"命星决定一切！"哥白尼反驳道："如果是这样，那人还有没有意识？如果有，人的意识和天上的星星又有什么关系？"听到哥白尼的疑问，老师并没有生气，对于"信不信天命"这个问题，他自己也对传统的回答有过怀疑，但又说不出道理。他踌躇再三[4]后对哥白尼说："孩子，天命决定一切，这是几千年以来的一条老规矩，我不过是重复前人的话罢了。至于你的疑问，我暂时还没有能力回答你。你如果有兴趣的话，可以认真研究研究！"

老师的这番话刺激着凡事都要问出许多"为什么"的哥白尼，激励着他锲而不舍地进行探索。多年之后，哥白尼创立了"日心说"，宣告了"天命论"的彻底破产。

好词解释

①欢聚一堂：形容欢乐地团聚在一起。

②出谋划策：制定计谋策略。多指为人出主意。

③答疑解惑：回答疑问，解释困惑。

④踌躇再三：踌躇，慢慢走路，走走停停的样子。形容拿不定主意，犹豫不决。

精彩句段分析

父亲把这些精英请到家中，一来是请这些精英为城市治理出谋划策，二来也是为了让这些精英为充满着好奇心的小哥白尼答疑解惑。

这段话体现了哥白尼父亲的智慧。请社会各界的精英到家中做客，这是为政者的亲民，也是为政者集思广益的一种方式，更重要的是，还可以顺便让这些精英来解答哥白尼提出的那些层出不穷的问题。真可谓一举多得。

阅读收获

从哥白尼的成长故事里，我们可以看到，保持一颗好奇心对一个孩子的成长是多么重要。因为好奇，我们才急于去寻找答案，这寻找的过程便是一种对未知的探索。只有锲而不舍地向未知的世界进行探索，我们才能有进步，才能进步得更快。

读后问一问

你是不是父母眼中的“十万个为什么”？父母是不是你眼中的“万事通”？

★ 伽利略 [1564—1642] 阅读关键词：爱好广泛

意大利人

成就：世界著名天文学家、物理学家和工程师。被称为“观测天文学之父”“现代物理学之父”“科学方法之父”“现代科学之父”。第一次提出了惯性和加速度这两个全新的概念，为牛顿力学理论体系的建立奠定了基础。

爱好广泛的伽利略

伽利略出生在意大利。父亲是一个没落的贵族，在文艺方面修养很高，但对家族生意的经营却时常捉襟见肘[①]。所以，在伽利略出生时，家里的经济状况已经非常糟糕了。好在，伽利略是个聪明的孩子，这也让灰心丧气[②]的父亲看到了生活的希望。他对自己的这个儿子的设想，就是将来做一个真正的商人，多赚一些钱，使一家人过上好日子。也正是在这个期望的支撑之下，父亲很早就把伽利略送进了学校。

小伽利略不仅聪明，而且好像对什么都无比感兴趣。入学前，在他的眼里，会拉小提琴的父亲就是最了不起的人。他天天追着父亲，要学小提琴。一开始，父亲只觉得这是孩子的天生好奇心，过几天也就没这份热情了。没想到，小伽利略竟一直保持着对小提琴的喜爱，每天坚持不懈的苦练并没有让他退却。很快，他的音乐天赋就显露了出来。学琴没多久，他已能演奏许多复杂的乐章，而且丝毫不比父亲逊色。

入学后，小伽利略很快又有了新的兴趣目标，那就是绘画和数学。有一次，父亲要到佛罗伦萨出差，顺便带着小伽利略参观了那里的一些博物馆。结果，达·芬奇、米开朗基罗等大师的绘画、雕塑作品，深深震撼了伽利略。回到学校后，他便开始认真学起绘画。为了更好地掌握基本的绘画技法，他还找来许多几何立方体进行临摹。最后，伽利略不仅在绘画技艺上突飞猛进[③]，竟对立体几何又产生了浓厚兴趣。

“爸爸，我发现我画的很多东西好像都跟几何图形有关，为什么会这样呢？”伽利略问父亲。父亲见伽利略比一般的孩子更善于观察，善于思考，十分欣慰，他想了想回答道：“孩子，你的问题我无法回答，不过，你愿意学习数学吗？也许你学了数学，就能明白你说的这种复杂关系了。而且，你还会发现许多更有意思、更有用的东西。”“真的？”伽利略乐得蹦了起来，高声叫道，“我愿意，当然，我愿意！”

从那以后，伽利略就开始认真学起数学来。虽然在一般人看来，数学本身是枯燥无味的，可伽利略学习数学的兴致却非常高。他常常为寻求一道数学题的解法而绞尽脑汁[④]，废寝忘食。他似乎随时都在思考，并逐渐养成了习惯，而这种习惯无疑对他以后的科学研究工作大有裨益。

少年伽利略就是这样，只要是自己不懂的，他总会反复问很多个“为什么”，然后去深入探究。帮母亲照看年幼的妹妹，他在给妹妹制作会动的木偶玩具的过程中迷上了机械学；学校自然课上，老师讲星星和月亮，他就趁家人都睡下后，一个人跑到外面的草地上，仰着脖子观察星空，并从此迷上了天文学……爱好广泛的小小少年伽利略，就是这样，使自己的少年时代过得充实而快乐，也为自己未来在许多领域都取得不俗的成绩打下了坚实的基础。

好词解释

①捉襟见肘：拉一下衣襟就露出胳膊肘儿。形容衣服破烂。也比喻顾此失彼，穷于应付。

②灰心丧气：灰心，心如熄灭了的死灰。丧，失去。形容因失败或不顺利而失去信心，意志消沉。

③突飞猛进：形容事业、学问等进展非常迅速。

④绞尽脑汁：形容苦思积虑，费尽脑筋，想尽办法。

精彩句段分析

爱好广泛的小小少年伽利略，就是这样，使自己的少年时代过得充实而快乐，也为自己未来在许多领域都取得不俗的成绩打下了坚实的基础。

少年伽利略爱好广泛，并且对每一项爱好他都能够做到精益求精，争取最好。这样的少年时代是充实的。因是他自身主动去学习，所以，这样的学习生活又是快乐的。

阅读收获

中国也有一位科学家，在自己的少年时期，也是爱好非常广泛的。就是前面我们已经提到过的梁思成。这里的伽利略同样如此。加以对比，我们会发现，二人虽然兴趣爱好并不相同，但同样都是爱好广泛，同样都是自身抱着一种乐观积极的态度去全面发展自己的所有的兴趣爱好。

读后问一问

伽利略是如何兼顾自己那么多的兴趣爱好的？

★ 开普勒 [1571—1630] 阅读关键词：自强不息

德国人

成就：杰出的天文学家、物理学家、数学家。发现行星运动的三大定律，最终赢得了“天空立法者”的美名。同时对光学、数学也做出了重要的贡献，是现代实验光学的奠基人。

自强不息的开普勒

开普勒出生在德国南部的符腾堡州，母亲怀他七个月的时候就生下了他。因为是早产，开普勒从小就体弱多病；4岁时又患了天花；治好之后，他的脸上、身上都留下了很多疤痕，他也成了一个名副其实①的丑小鸭。

他的父亲是一个性情粗鲁的雇佣军人，曾经数次离家外出作战。母亲是一个酒馆老板的女儿，性格十分外向、泼辣。因为彼此都属于那种比较任性且脾气暴躁的人，父母二人的关系并不融洽，孩子们也极少能得到他们的关爱。父亲实在不愿在家里待下去，在开普勒5岁那年，他再一次离家出走，就再也没有回来过。

开普勒原本有四个兄弟姐妹，可惜三个都夭折了，活下来的唯一的弟弟却患有癫痫。父亲离家出走之后，母亲一个人带着这样的两个儿子，还要偿还父亲欠下的债务，性情变得越发古怪，脾气也越来越暴躁不堪。为了帮助母亲、照看弟弟，开普勒 9 岁的时候，不得不中途辍学，到一个富人家中做佣工；除此之外，还要在母亲经营的小酒馆里做服务生。一直到 12 岁，一个偶然的机缘，在别人的帮助下，开普勒才得以重回学校继续读书。

因为小时候患病留下疤痕，开普勒总是被同学们像看稀有动物一样围观，并且被他们指指点点、评头论足[2]。每当这个时候，深知读书的机会来之不易的开普勒总是默不作声地走开。他在心里暗暗发誓："你们不要以貌取人，长得丑还是漂亮，跟学习又有什么关系呢？你们等着瞧吧，总有一天，我会让你们吃惊的。"少年开普勒是这样想的，也是这样做的。他学习十分刻苦，不仅很快补完了落下的课程，还使新学的学科成绩也遥遥领先于同年级的其他同学。同学们很快发现，这个貌不惊人[3]的小孩子真是聪明绝顶，不仅学习成绩优异，而且知识面特别宽，上至天文，下至地理，他都能谈得头头是道[4]。他们甚至觉得奇怪，开普勒瘦小病弱的身体里到底蕴藏着什么样的能量呢？

其实，那份能量就是开普勒的刻苦努力与自强不息。也正是因为有着这种刻苦与自强，12 岁重返校园的开普勒，在五年之后，就以优异的成绩考入图宾根大学神学院。当时，开普勒还只是想在大学毕业之后做一名牧师，但是在大学期间，他遇到了一位注定将影响他一生的老师，这位老师教他天文学课程，信奉哥白尼的"日心说"。开普勒在这位老师的影响下，也彻底迷上了天文学。大学毕业时，因为他信奉"日心说"，受到教会迫害，失去了担任教会职务的机会；但在朋友的帮助下，他最终成了一名数学老师。当数学遇到天文学时，开普勒终于真正开始了他对天文、数学以及物理等方面的深入研究。

好词解释

①名副其实：名声或称谓与实际一致、相符合。

②评头论足：指轻浮地议论妇女的容貌。今泛指对人对事说长道短，多方挑剔。

③貌不惊人：指相貌平常，没有什么引人注意的地方。

④头头是道：形容说话做事很有条理。

精彩句段分析

你们不要以貌取人，长得丑还是漂亮，跟学习又有什么关系呢？你们等着瞧吧，总有一天，我会让你们吃惊的。

这是少年开普勒暗暗发出的誓言，是面对别人的嘲笑时做出的无声却最有力的反击。一个人长得美与丑，这仅仅是基因决定，我们无法改变；但一个人的学习好坏，能否做出一番功业，却是我们自己能够主宰得了的。这才是评价一个人是否优秀，是美是丑的真正标准。

阅读收获

原生家庭的不幸，很多时候都会造成孩子的无依无靠。这种无依无靠不仅仅是经济上，更多是心灵上的。开普勒的成长故事告诉我们：如果我们很不幸地降生在这样的原生家庭里，千万不可以气馁，我们自己也可以拯救自己。

读后问一问

你是否嘲笑过一个长相丑陋的小伙伴或同学？如果有，找机会给他道个歉吧，不要让自己显得那么浅薄无知。

★ 牛顿 [1642—1727] 阅读关键词：勤能补拙

英国人

成就：著名的物理学家，百科全书式的“全才”。提出万有引力和三大运动定律，使之成为现代工程学的基础；阐明了动量和角动量守恒的原理，提出牛顿运动定律；创立微积分学；发明了反射望远镜等。

勤能补拙的牛顿

牛顿出生在英格兰的伍尔斯索蒲村。在牛顿还未出生的时候，他的父亲就去世了。母亲与小牛顿相依为命[①]地一起生活了三年后，再也受不了贫困的生活，就将年仅3岁的小牛顿抛到娘家，自己改嫁到一个有钱的牧师家去了。

外婆家的生活并不富裕。外婆上了年纪，很难很好地照顾小牛顿。舅舅是个农夫，时常要在田地上劳作，也顾不上精心照料小牛顿。但从3岁开始，随后的十多年，小牛顿都只能一直生活在这里。寄人篱下[②]的童年生活使牛顿从小就沉默寡言。他不是很聪明，但动手能力超强，这主要是受舅舅的影响。牛顿很小就被舅舅带到了田间地头，这也使他早早地就对各种劳动机械产生了浓厚的兴趣。

5岁时，牛顿被舅舅送进了学校。一开始，他的学习成绩很一般；他喜欢读书，但大都读一些介绍各种简单机械模型制作方法的读物。读完书，他就自己琢磨制作些奇奇怪怪的小玩意儿，如风车、木钟、折叠式提灯等。他把自己制作的这些东西拿给舅舅看，舅舅夸他是个聪明的孩子，这让他开心不已，由此对机械制作的研究更是痴迷。

随着研究深入，牛顿发现越来越多的困难无法解决。为什么？因为他的数学学得很不好，每次考试成绩都不理想。当发现数学和机械研究有着很大的关系后，牛顿才开始刻苦研究起数学来。

可是，就在这个时候，因为那个有钱的牧师去世，他的母亲又回来了。母亲见牛顿的学习成绩并不怎么出色，就再三要求牛顿辍学回家，要么种地，要么经商。牛顿伤心地哭闹了几次，母亲也没有回心转意③，只得辍学去学习经商——每天到十几里外的镇子上做买卖。可随着时间的流逝，牛顿对经商越来越感到厌恶，他真正想要做的只有读书。后来，再去镇上时，走到半路，他便找个地方坐下来，偷偷地读起书来。有一天，他正在路旁树荫下兴致勃勃④地读书，恰巧被过路的舅舅看见。舅舅一看他所读的是数学书，上面画着各种记号，心里非常难过。回到家后，他竭力劝说牛顿的母亲，最终才使辍了两年学的牛顿得以复学。

重新回到学校的牛顿对数学的学习更加刻苦起来。因为辍学，他的数学基础很不牢固，一些高深的数学知识他根本无法理解。牛顿也不气馁，干脆就从最基础的学起，一步一个脚印地攻克一个个数学难关。这种异乎常人的刻苦与勤奋一直持续了两年。18 岁那年，牛顿最终以优异的成绩考入剑桥大学。大学为牛顿提供了登上科学巅峰的阶梯。他还是那么沉默寡言，但他已经找到了自己愿意为之奋斗一生的事业，那就是科学。据说，牛顿在自己 21 岁到 27 岁期间为科学理论奠定了基础，使随后的世界都发生了革命性的变化。

好词解释

①相依为命：互相依靠着过日子，谁也离不开谁。

②寄人篱下：指居住在别人家里，依附着他人生活。

③回心转意：重新考虑，改变原来的想法和态度。

④兴致勃勃：形容兴趣很浓厚，情绪很高涨的样子。

精彩句段分析

舅舅一看他所读的是数学书，上面画着各种记号，心里非常难过……

读的是数学书，说明牛顿在学习，不是在看杂书；上面画着各种记号，说明牛顿学习认真，不是随便看看。舅舅看到这些后，非常难过，与前文母亲强迫牛顿辍学的表现形成了鲜明的对比。

阅读收获

小时候的牛顿无疑是不幸的，因为有那样的一个母亲；好在，舅舅给了他温暖，并送他上学。据科学研究表明，被父母抛弃的孩子，心智的成熟的确是比在父母关爱下成长的孩子要晚一些。好在，牛顿是个勤奋的孩子，一个勤奋刻苦的孩子，就算再笨，也会有发光的那一天。

读后问一问

如果让你给牛顿的母亲写一封信，你会说些什么？

★ 瓦特 [1736—1819] 阅读关键词：善于思考

英国人

成就：英国发明家，第一次工业革命的重要人物。制造出第一台有实用价值的蒸汽机，在工业上得到广泛应用。开辟了人类利用能源的新时代，使人类进入“蒸汽时代”。

善于思考的小瓦特

瓦特出生于苏格兰的格林斯克镇。父亲是一名造船工人。母亲出身于一个贵族家庭，受过良好的教育。

因为身体太过瘦弱，小时候的瓦特很少去学校，他早期的教育主要来自母亲。但母亲还要忙家务，有时实在顾不上，就匆匆忙忙地先将问题抛给小瓦特，让他自己去翻书或是进行探究。没想到，正是母亲的这个无心之举，竟早早培养了瓦特独立思考的能力。很快，母亲就发现，等她终于有空坐下来给瓦特细致讲解知识时，瓦特却早已得出答案，甚至还在原有问题的基础上，又有了进一步的探索。

因为习惯了独立思考，瓦特更喜欢安静看书或是玩玩具。玩具到了他手里，他就一定要拆开看看，把零件一样一样卸下来，一探究竟[①]。看明白之后，他再按照原来的模样安装好。久而久之，小瓦特的实际动手能力也得到极大提高。小伙伴们的玩具坏了，都会拿来让瓦特帮忙修理，在小伙伴们的眼中，他就是一个无所不能[2]的“动手小达人”。

因为习惯了独立思考，小瓦特往往会对那些在别人眼里司空见惯[3]的事物产生浓厚兴趣。有一次，他看到母亲在厨房做饭，火炉上正烧着一壶水。水开时，壶盖在升腾起的水汽中不停往上跳动，“啪啪”作响。瓦特就那么愣愣地看了半天，脑海中又浮出大大的问号：“是什么东西使壶盖跳动得这么厉害呢？”接下来的几天，为了搞明白这个问题，每当母亲做饭时，他就蹲在火炉旁留心观察水壶的动静。起初，壶盖很安稳；水要开时，发出咕嘟声，壶盖还是没动静；但随着水汽冒出来，壶盖也开始跳动……他把壶盖揭开盖上，盖上又揭开，反复验证，最后终于弄清楚了，是水蒸气在推动壶盖跳动。这水蒸气的力量还真不小呢！水蒸气推动壶盖跳动的物理现象，不正是瓦特后来发明蒸汽机的认识源泉吗？

瓦特 17 岁那年，母亲去世了，父亲的生意也做不下去了。生活所迫，瓦特不得不外出谋生。离开家时，他只背着一个衣箱，箱中除了一些简单的替换衣服外，其余的全是工具。在外漂泊务工的日子里，瓦特一直在一些仪器修理店里做学徒。尽管这些修理店的老板大都十分苛刻，能给的薪水几乎连最基本的生活都无法保证，寒酸的生活使瓦特的身体状况也变得越来越糟糕，但是，为了学到更多的本事，倔强的他还是一直坚持着。

就在这时，家乡的一所大学要建造一个专门制造教学器材、修理实验仪器的工作室，手艺精良的瓦特被选中，负责这间工作室。也就是在这所大学里，他不仅恢复了身体，恢复了活力，还结识了一大批教授、学者；最重要的是，他终于有机会阅读到更多的科学书了。科学知识宝库的大门从此为他打开。这一年，瓦特刚刚 20 岁。

好词解释

①一探究竟：看清楚，弄明白。

②无所不能：样样都会，凡事都能办到。

③司空见惯：指某事常见，不足为奇。

精彩句段分析

玩具到了他手里，他就一定要拆开看看，把零件一样一样卸下来，一探究竟。

这个场景是不是似曾相识？很多孩子小时候都是这样的“破坏王”，出于好奇，见玩具就拆，甚至家里的收音机、录音机，如果不是父母拦着，估计也拆了。同样是小时候的“破坏王”，为什么瓦特长大后成了发明家？值得我们深思哦。

阅读收获

穷人家的孩子早当家，这个当家不仅是指担责任的能力，还有独立解决问题的能力。因为家贫，父母疲于应对生活压力，无暇细心照顾瓦特的学习，瓦特不得不自己去思考与探究，寻找解决问题的方法。因为有独立思考的习惯，瓦特才会习惯性地留意生活中的细节，进而发现水蒸气的威力。所以说，养成独立思考的习惯，是我们学习进步的重要法宝。

读后问一问

你的老师布置过生豆芽写观察日记的作业吗？你观察到了哪些有趣的现象？进行了哪些思考？快和父母聊一聊吧。

★高斯 [1777—1855] 阅读关键词：天生奇才

德国人

成就：德国著名数学家、物理学家、天文学家、几何学家，大地测量学家，有“数学王子”的美誉。发现了质数分布定理和最小二乘法；微分几何的始祖之一；发明了日光反射仪；画出了世界第一张地球磁场图等。

“数学小王子”高斯

高斯出生于一个贫困的平民家庭。父亲曾做过园丁、工头、保险公司评估师，母亲则是一个穷石匠的女儿。父亲原本就没指望小高斯能有多大的学问，也根本不可能对他进行早期教育。幸运的是，高斯有一个聪明的舅舅。这个舅舅是一位心灵手巧①的织绸能手，虽然文化水平不高，但见多识广②，知道许多故事。舅舅十分喜欢高斯，常常通过给他讲故事来教育他，总算给了小高斯最基本的启蒙教育。

父亲整天忙于工作，只要高斯不哭，他就专心算自己的账目。而小高斯则经常在旁边一声不响地看父亲算账。有一次，还在牙牙学语③的高斯像往常一样聚精会神地看父亲算账。父亲一边算，一边直摇头，算来算去也算不出一个结果来，过了好久，才自言自语地报出一个结果。可是小高斯在一旁却用小手敲击着桌子，不停地摇头，然后自己慢慢地说出了一个数字。父亲感到十分惊异，儿子说话还不顺畅，竟然就会报数了？莫非他说的数字是正确答案？父亲抱着试一试的心态重新进行了演算，结果答案竟然真的和高斯说的一样！父亲高兴极了，逢人便夸自己的儿子还不会说话就会做数学题了。父亲也由此认为，自己的儿子高斯是个数学天才，决心砸锅卖铁[4]也要供他去上学。

入学后，高斯真的在数学上很快显露出了他过人的天赋。有一天，老师要学生把 1 到 100 的所有整数加起来。老师刚说完具体要求，高斯便把写着答案的小石板交了上去。老师起初并未在意高斯的这一举动，心想：就算这个小家伙儿数学天分高，被同学们称作“数学小王子”，但像这样的一道计算题，他也不至于这么快就解得出来吧。可是当最后发现全班唯一正确的答案属于高斯时，老师不禁大吃一惊。而更使老师吃惊的是高斯的算法：第一个数加最后一个数是 101，第二个数加倒数第二个数的和也是 101……共有 50 对这样的数，用 101 乘以 50 得到 5050。这种算法是老师之前未曾教过的，高斯竟然能通过自己的观察与思考，第一时间发现这样的算法，实在是令人佩服。

下课之后，老师向校长汇报了这件事，校长也早听说学校里有一位神奇的“数学小王子”，一直觉得只是孩子们的吹捧，没想到还真是名副其实啊。从此，老师和校长就对高斯特别关注起来，并利用各种资源积极培养高斯，充分激发高斯的数学潜能。甚至，在家境贫困的高斯考上大学的时候，惜才的老师们也是全力资助，使他顺利进入了大学。

高斯也确实没有辜负师长们的期望，12 岁时，就已开始怀疑元素几何学中基础证明的正确性；16 岁时，就预测在欧氏几何之外还必然会产生一门完全不同的几何学；19 岁时，更是第一个成功地用尺规构造出了规则的十七角形……

好词解释

①心灵手巧：形容能工巧匠在艺术构思和技艺手法方面的独特能力。

②见多识广：见过的多，知道的广。形容阅历深，经验多。

③牙牙学语：婴儿咿咿呀呀地学说话。

④砸锅卖铁：倾出自己所拥有的一切。

精彩句段分析

父亲高兴极了，逢人便夸自己的儿子还不会说话就会做数学题了。父亲也由此认为，自己的儿子高斯是个数学天才，决心砸锅卖铁也要供他去上学。

从这段文字里，我们可以看到一个朴实且可爱的父亲形象。原本并没有想着自己儿子有多大出息，也懒得教育。突然有一天发现孩子似乎有“超能力”，态度立马一百八十度大转弯，认定自己儿子是天才，要倾尽全力去培养、教育。

阅读收获

不得不承认，这个世界真的是有天才存在，天生智商就比我们高出好多。只是，这样的天才毕竟只是极少数。而且，即便是天才，如果失却了后期的努力，天才同样会沦落为废柴的。

读后问一问

把从 1 到 100 的所有整数依次相加，和是多少？从 1 一直加到 1000 呢？学着高斯的方法算一算哦。再考虑一下还有没有更好的解题方法。

★ 法拉第 [1791—1867] 阅读关键词：自学成才

英国人

成就：英国物理学家、化学家。发现电磁感应现象，得到产生交流电的方法；发明圆盘发电机，为人类创造出的第一个发电机。在电磁学方面做出了伟大贡献，被称为“电学之父”和“交流电之父”。

自学成才的法拉第

法拉第出生在一个穷苦的铁匠家庭。父亲的收入微薄，勉强维持一家人的温饱。但是父亲非常注重对孩子的教育，要他们勤劳朴实，不要贪图金钱、地位，要做一个正直的人。这对法拉第的思想和性格产生了很大的影响。

由于贫困，一直等到13岁的哥哥工作挣钱了，家里才勉强凑足学费，送法拉第进了学校。只是，法拉第从小就有口吃的毛病，连自己的名字都念不准。学校里，刻薄的老师经常挖苦他的口吃，有时心情不好还用教鞭打他。就这样，两年之后，忍无可忍的母亲便愤然将小法拉第接回了家中。

12岁那年，迫于生计，法拉第走上街头做了报童。白天上街卖报，晚上他就拿起哥哥当年上学用的物理、化学课本自学起来，如饥似渴地吸收着知识的养分。书中描写的各种神奇的放电现象和化学实验，使他痴迷不已[①]，一颗关于电与化学的种子在他心底悄悄地萌芽。

一个偶然的机会，法拉第获得了一份新的工作——到一个书商兼订书匠的家里当学徒。订书匠家里书籍堆积如山，法拉第如鱼得水[2]。带着强烈的求知欲望，工作之余，甚至在送货的路上，他都如饥似渴地阅读着，汲取各种自然科学方面的知识。经过几年的努力，法拉第能看懂的书越来越多。遇到特别喜欢的书，没钱购买，法拉第就记笔记；没钱买笔记本，他就将废纸订成笔记本，摘录书中的各种资料，有时还自己配上插图。阅读、做笔记的同时，法拉第还努力将书本知识付诸实践，利用废旧物品制作实验仪器，进行简单的化学和物理实验。重视实践尤其是科学实验，在法拉第一生的科学研究生涯中贯彻始终。

有一次，一位名叫丹斯的英国皇家学会会员来到订书匠家中校对自己的著作，无意中发现了法拉第的手抄笔记，大为赞赏。当得知这样的笔记竟然出自一个装订图书的学徒之手时，丹斯更是惊异不已。为表示对法拉第的赞赏，丹斯送给他四张皇家学院的听课券。

法拉第怀着兴奋的心情，来到皇家学院旁听。在这里，他有幸聆听了著名化学家戴维的演讲。回家后，他把听课笔记整理成册，作为自学用的化学课本。学完之后，法拉第感觉意犹未尽[3]，就把自己精心装订的这本“化学课本”寄给了戴维教授，并附上了一封信，表达自己献身科学事业的强烈愿望。

收到来信和笔记的戴维教授深受感动，很快就接见了这个订书的学徒。二人见面交谈，戴维非常欣赏法拉第的才干，决定把他招为助手。法拉第果然不负所望，很快就掌握了科学的实验技术，成为戴维的得力助手。从此，法拉第开始了他的科学生涯。

好词解释

①痴迷不已：迷恋某人或某物而不能自拔。

②如鱼得水：好像鱼儿得到水一样。比喻得到跟自己十分投合的人或对自己很合适的环境。

③意犹未尽：还没有尽兴；意思还没有全部表达出来。

精彩句段分析

订书匠家里书籍堆积如山，法拉第如鱼得水。

在这之前，辍学在家的法拉第只能看哥哥当年上学时留下的课本。在这之后，订书店里各种各样的书，对于爱学习的法拉第来说，就像干渴的鱼儿突然被放进了海量的水中。

阅读收获

自学成才的名人大家不在少数，但这种成才方式并不是适合所有的人。一个人想要通过自学成就一番大事业，就要付出比别人多出百倍万倍的努力，这个人就要具备诸如善于独立思考、勤奋刻苦、不轻言放弃、坚持不懈等多种优秀的品质。试想：这一项一项的优秀品质，你都具备了吗？

读后问一问

数一数你自身拥有的优秀品质有多少，再列一列自己还有哪些缺点是急需改正的。

★达尔文 [1809—1882]　　阅读关键词：坚持梦想

英国人

成就：英国博物学家，进化论的奠基人。对动植物和地质结构等进行了大量的观察和采集。出版《物种起源》，提出了生物进化论学说，从而摧毁了各种唯心的神造论以及物种不变论。

坚持梦想的达尔文

达尔文出生在一个医生世家，他的父亲是当地名医，母亲则是一个制陶商的女儿，不仅和蔼可亲，而且很有见识。

因为达尔文是家里最小的孩子，母亲对他十分溺爱，所以，一直到 8 岁那年，他才被送进学校接受正规的教育。在这之前，他几乎每时每刻都在母亲身边，深受母亲的影响。喜欢栽培花卉和果树的母亲，对孩子更有耐心，十分珍视孩子的好奇心，无论小达尔文提出什么稀奇古怪的问题，她都不会横加指责，而是十分耐心地给予解答。在母亲的悉心教导下，小达尔文早早就学会了怎样根据花蕊来识别花卉。正是母亲的这份爱护与耐心，使达尔文对他所生活的这个奇妙的生命世界产生了最初的兴趣。

8 岁那年，母亲因病不幸去世。姐姐接替母亲来照顾和教育弟弟。但姐姐的那套教育方式在达尔文这里却收效甚微，顽皮的达尔文对功课完全不在意，而是狂热地搜集着各种昆虫和植物标本，花在这种爱好上的时间远比花在学习上的要多。除此之外，他还搜集硬币、图章、贝壳和化石等许多杂七杂八的东西，把自己的小卧室搞得简直像一个小型博物馆。他还仔细地给每一件“展品”贴上了标签。没有母亲那样耐心的姐姐不断地指责达尔文，称家里发生的一切孩子气的鬼把戏都是他干的。不胜其烦[①]的家人最后决定，把他送到一所私立学校去接受学校的正规教育。

可是，学校的严格教育不仅没能使达尔文对“特殊爱好”有所收敛，反而让他更加沉迷。在所有学科中，他对自然课、数学课情有独钟[②]。有时候，因为太过急于得到答案，他竟私自离开学校，到当地一位植物学家家里，跟着植物学家到河边、林地观察鸟类，一走就是一整天。为此，他甚至几次收到学校的开除警告。很快，他又迷上了一门新的学科，那就是哥哥最喜欢的化学。为此，兄弟二人在父亲花园的工具棚里还偷偷布置了一间“实验室”，经常在那里做化学实验。数学与化学的加入，为达尔文的自然科学探究打开了一扇全新的大门，越发使他欲罢不能[③]。

达尔文的“不务正业[④]”让父亲十分反感，父亲曾当面指责他说：“你除了打猎、玩狗、抓老鼠，别的什么都不会，再这样下去，你将会成为你自己和整个家庭的耻辱。”为了让达尔文尽快走上正轨，在他 16 岁那年，父亲让他从寄宿学校退学，和哥哥一起去学医。可在大学期间，无意学医的达尔文仍然经常到野外采集标本，并对自然历史产生浓厚兴趣。一怒之下，父亲又将他送到剑桥大学学神学，希望他将来做一个牧师。结果，正是在剑桥大学，达尔文结识了当时著名的植物学家亨斯洛，并在他那里接受了植物学的系统教育，在自然科学这条路上，达尔文越走越远。

好词解释

①不胜其烦：胜，禁得起。烦琐得使人受不了。

②情有独钟：指对某人或某事特别有感情，把自己的心思和感情都集中在上面。

③欲罢不能：正在做某事，想要停止却不能停止下来。

④不务正业：指丢下本职工作不做，去搞其他的事情。

精彩句段分析

除此之外，他还搜集硬币、图章、贝壳和化石等许多杂七杂八的东西，把自己的小卧室搞得简直像一个小型博物馆；每一件“展品”他还都仔细地贴上了标签。

本段文字充分展现了达尔文“博物学家”的天分。其实，很多人小时候都有这样的爱好，乐此不疲地收集、收藏各种零碎小玩意儿。只是，我们或许远不如达尔文这般细致。

阅读收获

坚持梦想，不忘初心，说说容易，其实很难。最初的那个梦想，有时候会随着我们年龄的增长、兴趣的改变而渐行渐远；有时候会因为追逐它的过程中有着太多艰辛，缺乏斗志的我们选择了缴械投降、主动放弃；有时候，会遇到太多的阻力，比如来自父母亲人的劝阻，而不得不放弃。心若在，梦就在，愿每个孩子都能够梦想成真。

读后问一问

如果你的理想不被父母支持，你会怎么做？

★ 诺贝尔 [1833—1896] 阅读关键词：兴趣为师

瑞典人

成就：瑞典化学家、工程师、发明家、军工装备制造商和炸药的发明者，一生拥有355项发明专利。设立诺贝尔奖，奖励世界各国在物理学、化学、生理学、医学、文学及世界和平领域对人类做出重大贡献的人。

爱上炸药的诺贝尔

诺贝尔出生在一个技师家庭。父亲伊曼纽尔本身就是一名不错的发明家，发明了家用取暖的锅炉系统，设计了一种制造木轮的机器，改造升级的工业设备更是不计其数[①]。母亲是一位有教养的女人，受自己祖上一位博物学家的影响，她对自然科学有着浓厚的兴趣。父母二人的爱好对诺贝尔有着很大的影响。

诺贝尔小时候身体瘦弱，不像一般孩子那么活泼，而是经常独自玩耍。8岁那年，他进了小学，这是他一生中接受正规教育的唯一一所学校。因为学习努力，小诺贝尔的学习成绩一直名列前茅。但由于经常生病，他不得不时常请假，因此，在校园里，他并没有什么好朋友。他经常独自坐在树荫下看天空中变幻莫测[②]的流云或地上形色各异的昆虫。教过他的老师都觉得，他将来可能会成为文学家。

母亲对小诺贝尔的这些爱好非常支持，她甚至设想着，要把儿子培养成一名博物学家。但是，后来生活境遇的改变，使诺贝尔的兴趣也发生了根本性的转变。父亲为了一家人的生计，只身前往波兰，但仍旧没能谋得更好的职业，最后又辗转到了俄国的圣彼得堡。在那里，他受到了俄国沙皇的重视，沙皇支持他开办了一家制造军用机械的工厂。在诺贝尔 9 岁那年，他们一家人被父亲接到了俄国。

初到俄国，由于不懂俄语，诺贝尔就没有再进学校，父亲为他请了一名家庭教师。在这位教师的引导下，诺贝尔的兴趣也变得越来越广泛，不仅阅读自然科学，还大量阅读了有关物理、化学等方面的书籍。

学习之余，诺贝尔也会到父亲的工厂去。工厂里那些转动的机器、那些被装入水雷的火药都让他深深着迷。实在忍不住，他就偷偷带点火药回家，偷着做烟花。他把火药放在纸筒里，然后竖立在草地上，点着火，火药会“咻”的一声蹿上天空，在夜空中绽放出美丽的花火。后来，他又模仿父亲，尝试着做地雷。他把火药装进小空罐中，封紧盖子，点燃导火线。“砰！”炸裂的罐子发出巨响，盖子飞了起来，家人惊魂未定[③]，纷纷跑出来看是怎么回事儿。

父亲很快知道了诺贝尔玩炸药的事儿，严禁他出入工厂、接触火药。无计可施[④]的诺贝尔心想：“哼，不让我接触火药？那我就自己制造！”他翻阅化学课本，搞明白了火药的构成，经过反复试验，终于制造了“诺贝尔牌”的火药，于是他又开始玩起烟花来了。

父亲发现自己的这个儿子对火药竟然如此痴迷，只好因势利导，在诺贝尔 17 岁那年，将他送到了美国，让他在美国有名的艾利逊工场里进行系统的考察、学习。从此，诺贝尔彻底走上了科研之路。

好词解释

①不计其数：没办法计算数目，形容极多。

②变幻莫测：指事物变化很多，不能预料，难以揣测。

③惊魂未定：指受惊后心情还没有平静下来。

④无计可施：施，施展。没有办法可用。

精彩句段分析

他经常独自坐在树荫下看天空中变幻莫测的流云或地上形色各异的昆虫。教过他的老师都觉得，他将来可能会成为文学家。

本段文字很有画面感，一个孤独的小孩儿，坐在树荫下，看天上飘动的云，与草丛里安静的虫儿聊天。画面安静且温馨，就像一首温柔的诗。

阅读收获

诺贝尔玩火药，这可不是值得我们学习的，危险系数太高，千万不要模仿。如果真的对诸如火、电、火药之类存在着安全隐患的东西产生了好奇心，一定要在父母的监督与指导下进行研究。除此之外，我们更应该多多学习理论知识，做到对它有了完全的、透彻的了解后，再接触它也不迟。

读后问一问

你赞同诺贝尔在家玩火药的做法吗？如果你是他的小伙伴儿，你会怎么劝说他？

★门捷列夫 [1834—1907]　　阅读关键词：刻苦勤奋

俄国人

成就：俄国化学家，发现化学元素的周期性，制作出世界上的第一张元素周期表，为以后元素的研究、新元素的探索，以及新物资、新材料的寻找，提供了一个可遵循的规律。预见了一些尚未发现的元素。

后来居上的门捷列夫

门捷列夫出生在一个教师之家。兄弟姐妹加起来有十一个，他年龄最小。对于收入不高的父母来说，这无疑是一个沉重的负担。更为不幸的是，门捷列夫刚四个月大时，他的父亲便因病双目失明，并由此失去了中学校长的职务，这样一来，一家人的生活便更加困顿不堪了。为了养家糊口[1]，全家人只好搬到郊区农村，他的舅舅在那里经营着一家小型的玻璃工厂。母亲一边帮着舅舅经营，一边利用空闲时间在院子里种一些蔬菜算作副业，生活总算渐渐有了起色。

门捷列夫聪明好学，所以父母很早便开始教他认字了。小门捷列夫学到一些知识以后，渐渐对周围的东西产生兴趣。有一次，他独自一人跑到舅舅的工厂里，看工人是如何制造玻璃瓶的。当他看到工人用铁管子蘸点玻璃液，很快就吹制出一个玻璃瓶，觉得非常神奇。也就是在那个时候，小门捷列夫知道了化学，并对化学产生了浓厚的兴趣。

一转眼，门捷列夫到了上学的年龄，父母把他送到了附近的学校。门捷列夫入学以后，门门功课成绩优良。但不幸总是如影随形[②]地纠缠着门捷列夫一家，在他13岁那年，父亲去世；没过多久，舅舅的玻璃工厂又遭遇大火化为灰烬。完全失去了经济来源的一家人，在母亲的带领下，只好从乡下搬回了托博尔斯克城自己的家中。尽管所有教过门捷列夫的老师都说，这孩子具有超人的智慧和卓越的才能，但因为家里太过贫穷，门捷列夫不得不失学在家。

门捷列夫15岁那年的春天，母亲思量再三，觉得不能再耽误孩子的学业了，便变卖了家中所有的财产，义无反顾地带着孩子们赶往了莫斯科。她实在太想让自己聪明的小儿子进入大学接受更好的教育了。可是，因为辍学在家一年多，门捷列夫已经耽误了太多课程，基础实在太差；尽管母亲用尽全力在莫斯科的各个大学奔波，最终还是无济于事[③]。毫无办法的母亲最后决定，到彼得堡去碰碰运气。门捷列夫的父亲的一个朋友当时在彼得堡教育部门身居要职，也正是在他的帮助下，17岁的时候，门捷列夫终于被免收学费的彼得堡师范学院录取。

门捷列夫在彼得堡师范学院读的是物理系。这对于基础知识太薄弱的他来说，门槛实在是太高了。在第一学期的考试中，全班28名学生，门捷列夫名列第25名。更让人无法接受的是，就在他进入大学的第一年内，疼爱他的舅舅和母亲先后去世。在这种情况下，门捷列夫咬紧牙关，化悲痛为力量，在学习上倾尽全力地奋起直追[④]着。仅仅一年的工夫，他便一跃成了班上的优等生。

也正是在彼得堡师范学院学习期间，他受到“俄罗斯化学之父”沃斯科列森斯基的教导，真正走进了化学世界。

好词解释

①养家糊口：指勉强养活家人，使不饿肚子。

②如影随形：好像影子老是跟着身体一样，形容两个人常在一起，关系十分亲密。

③无济于事：对于事情没有什么帮助；对于解决问题没有什么作用。

④奋起直追：振作起来，紧紧赶上去。

精彩句段分析

母亲思量再三，觉得不能再耽误孩子的学业了，便变卖了家中所有的财产，义无反顾地带着孩子们赶往了莫斯科，她实在太想让自己聪明的小儿子进入大学接受更好的教育了。

这段文字写出了一个母亲只身带着几个孩子艰难生活，但依旧想要为孩子创造上学读书机会的拳拳慈母心。思量再三，是出于现实的考量；义无反顾，是出于一个母亲的勇敢与担当。

阅读收获

本篇故事表面上是写门捷列夫通过自己的努力，恶补落下的课程，最终后来居上，成为一名伟大的科学家的故事。实际上，对我们触动最大的，还是他遭遇的不幸、坎坷的求学路，以及勇敢的母亲为儿子的未来倾尽全力的付出。

读后问一问

门捷列夫最突出的成就是制作出世界第一张元素周期表。查资料详加了解元素周期表，试试能不能把这张表背下来。

★ 爱迪生 [1847—1931] 阅读关键词：孜孜以求

美国人

成就：第一个利用实验室来从事发明创造而对世界产生深远影响的人。他发明的留声机、电影摄影机和改进的电灯对世界有极大影响。一生发明共有两千多项，拥有专利一千多项。

执着实验的爱迪生

爱迪生出生在美国俄亥俄州的米兰镇。父亲是一个木匠，母亲是一个乡村教师。爱迪生是父母七个孩子中最小的。

爱迪生从小就显露出了极强的好奇心。有一次，父亲见他一动不动地趴在草堆里，问他在干什么，他竟回答说在孵小鸡。原来，他看到母鸡能将鸡蛋孵成小鸡，觉得很奇怪，自己也想试一试。父亲哭笑不得[①]地告诉他，人是孵不出小鸡来的。但他还是不停地问为什么，问得让父亲直接怀疑，自己的这个孩子是不是智商有问题。

入学后，爱迪生仍然总会问出各种让人意想不到的奇怪问题，问得老师简直要崩溃。数学老师在课上讲："1+1=2。"小爱迪生竟追问："老师，1 加 1 为什么等于 2 不等于 3？"忍无可忍的老师把爱迪生的父母叫到学校，委婉地表示爱迪生有可能是个低能儿，他们实在是教不了了。就这样，仅仅入学三个月的爱迪生，被老师赶回了家。

幸好，爱迪生有一个伟大的母亲。他的母亲当时是一家女子学校的老师，是一个富有教育经验的人，她不认为自己的孩子是个低能儿，经过耐心观察，她发现爱迪生好奇心重，对物理、化学特别感兴趣时，就给他买了有关物理、化学实验的书。在母亲耐心细致、科学系统的引导下，爱迪生完全沉浸在了物理、化学的世界里，并由此爱上了做实验。

有一次，爱迪生发现邻居正在用一个气球做一种飞行装置，再一次突发奇想[2]：要是人的肚子里充满了气，是不是也能飞上天？回到家，他就试着把几种化学原料配在一起，声称这就是自己配制的能让人飞起来的“飞行剂”。家里的一个帮工出于好奇，竟然真的吃了，结果差点昏死过去。爱迪生因此受到了父亲的鞭打，邻居家小朋友的父母们听说此事后，再三提醒自家孩子要珍爱生命、远离爱迪生。

但是，爱迪生对于科学实验的痴迷丝毫没有因此受到影响。他将家里的地窖当作了自己的实验室，无数个日日夜夜都沉迷在那里。没有足够的钱买化学药品和实验设备，12 岁起，他就开始在火车上卖报纸，每天辗转于休伦港和底特律之间。因为每天奔波，做实验的时间少了，爱迪生就再三恳求列车长，把火车上的一间休息室当成了临时实验室。做实验是方便了，但随着意外的不断发生，特别是有一次化学物品突然着火，列车长一气之下把他的实验器材扔出了车外。

正是凭着这种坚持不懈的勤学和苦练，16 岁那年，爱迪生就有了自己的第一项发明——每小时拍发一个信号的自动电报机。在八十多年的人生中，他有两千多项发明，仅是在专利局登记过的发明就有 1328 种。一个只读过三个月书的人，凭着至死不渝[3]的好奇心以及永不言弃的执着，最终成了闻名世界的“发明大王”。

好词解释

①哭笑不得：哭也不好，笑也不好。形容很尴尬。

②突发奇想：形容突然想出一个非常奇怪的想法。

③至死不渝：渝，改变。到死都不改变。

精彩句段分析

爱迪生因此受到了父亲的鞭打，邻居家小朋友的父母们听说此事后，再三提醒自家孩子要珍爱生命、远离爱迪生。

父亲的鞭打，邻居的歧视，是小时候执着实验的爱迪生遭受的困境与打击。只是这些困境都不能阻制他在科学之路上继续探索前行的步伐。

阅读收获

上学仅三个月，最终却成为一位闻名世界的大发明家，不得不说爱迪生的成长就是一个传奇。事实上，我们只看到了他成名后的荣光，往往会忽视他一路走来付出的艰辛。无数次的实验探索，小时候被视作唯恐避之不及的异类，长大后每一个发明背后无数次实验的失败，我们更应该看到。

读后问一问

查资料，了解一下爱迪生是如何发明电灯的。在发明电灯的过程中，他经历了多少次失败的实验？

★特斯拉 [1856—1943]　　阅读关键词：放飞想象

美籍塞尔维亚人

成就：发明家、物理学家、机械工程师、电气工程师。在交流电系统、无线电系统、雷达等方面都有着突出贡献。制造出世界上第一艘无线电遥控船，发明 X 光摄影技术。一生取得一千余项发明专利。

神奇人物特斯拉

特斯拉出生在塞尔维亚。父亲是牧师，母亲是神父的女儿，动手能力很强，擅长制作一些家庭用具。特斯拉超强的动手能力，主要是受母亲的影响。

当别的孩子还在无忧无虑[1]玩耍的时候，特斯拉已将目光投向了自己感兴趣的事，甚至直接动手了。3 岁时，他便将祖父心爱的时钟拆了，只是装回去时却多出了不少零件。祖父气得直接在门上贴了一张“禁止特斯拉入内”的纸条。自己的这点“爱好”在祖父那里被扼杀后，特斯拉又将目光投向家里的各种用具。将橱柜上的木条卸下来，刻成一把“利剑”；将马车的链条剪掉一段，做成一把玩具枪；将篱笆墙上的铁丝截下几根，做成一把弹弓……他简直成了父母眼中防不胜防的“破坏王”，为此，年少顽劣的特斯拉没少被父亲毒打。可惜，收效甚微，特斯拉就像一只永不停歇的小马达一样，有着让人匪夷所思[2]的精力。

入学读书后，特斯拉又很快展示出了他超强的记忆力和学习能力。他热爱数学，甚至对数字有着发狂般的痴迷，任何计算，不管多么复杂，对他来说似乎都是小菜一碟[3]。但特斯拉也有不擅长的领域，比如他特别不喜欢绘画课，因为他实在无法对着一块画板专注地画上几个小时，这也使得他的绘画成绩每次都几乎垫底儿。

父母问他长大了想做什么，少年特斯拉坚定地回答，要做一名伟大的发明家。他的这个理想让作为虔诚教徒的父母倍感失望，特别是父亲，他很希望儿子能够继承父业，做一名牧师。父子双方谁也说服不了谁，直到特斯拉得了一场大病差点儿丢了性命，事情才出现转机。那一次，特斯拉生了重病，持续昏迷了好几天才终于醒了过来。大病初愈的特斯拉告诉父亲，自己在昏迷中还梦到了机械设备，梦到自己成了一名工程师。父亲见儿子如此执着，只得答应了他的请求。

从此，特斯拉便每时每刻似乎都沉浸在发明创造的想象中，但也仅仅是想象。在那场大病过后，少年特斯拉竟然一改童年时期那种无事不动手的习惯，而更喜欢发挥自己的想象力了。当有人对他提到一个新东西时，他就会在脑海里想象这东西的样子；甚至一些还没有发明出来的东西，他都能在自己的脑海里栩栩如生[4]地展现出来。很长一段时间，特斯拉都饱受着这种“精神幻觉”的折磨。

直到后来，学习了物理与化学，他把几乎所有的精力都投入到发明创造中后，他的这一极高的想象天赋才终于有了用武之地。他甚至不需要模型，不需要绘图，更不需要实验，就能在脑海中把所有细节看得一清二楚。即便是成年之后，特斯拉几乎所有的发明也都是以这种先想象后实践的方式实现的。特斯拉也因此被后人视作一个很神奇的存在。

好词解释

①无忧无虑：没有一点忧愁和顾虑。

②匪夷所思：匪，不是。夷，平常。指言谈行动离奇古怪，不是一般人根据常情所能想象的。

③小菜一碟：指不值得大肆宣扬。形容事情很容易办成。

④栩栩如生：栩栩，活泼生动的样子。指艺术形象非常逼真，如同活的一样。

精彩句段分析

大病初愈的特斯拉告诉父亲，自己在昏迷中还梦到了机械设备，梦到自己成了一名工程师。

特斯拉的这场病确实是有些奇怪，从此以后的他开始了先想象后实践的传奇发明经历。但昏迷之中仍心心念念着自己成为一名工程师的梦想，可见他对梦想的执着与坚持。

阅读收获

特斯拉成长故事的“神奇”主要表现在他一场大病前后的不同表现。病前，喜欢凡事都积极动手；病后，无想象不动手。这种神奇性有夸张的成分在，但也从另一方面告诉我们：人类的想象力在推动科学向前发展的过程中，绝对是一种不容小觑的存在。

读后问一问

试着写一篇想象作文吧，想象未来的学校、学习用具，甚至是城市建设。看看自己的想象力有多么强大。

★ 居里夫人 [1867—1934] 阅读关键词：坚韧不拔

法籍波兰人

成就：法国著名波兰裔科学家、物理学家、化学家。因对放射性现象的研究获得诺贝尔物理学奖；因发现元素钋和镭获得诺贝尔化学奖。开创了放射性理论，发明分离放射性同位素技术。

艰苦求学的居里夫人

居里夫人本名玛丽·斯可罗多夫斯卡，后因嫁给了著名的科学家皮埃尔·居里，随夫姓改为玛丽·居里，人们也习惯称她为“居里夫人”。

玛丽出生在波兰，当时的波兰正处于沙俄的统治之下。父母原本都是受人尊敬的中学教师，但在沙俄的残酷统治下，很快失业。母亲本就体弱多病，再加上生活艰难，身体每况愈下。父亲冒着被沙俄的监察官发现的风险，偷偷在家做一些家教，挣些微薄的薪水。玛丽 10 岁那年，母亲终于还是含恨病逝。悲苦的童年经历，不仅磨炼出了玛丽顽强的意志，更让一颗爱国的种子深深埋藏在了她小小的心田里。

入学之后，玛丽学习非常勤奋。在沙俄的奴化统治之下，学校的老师和学生都不允许讲波兰话，更不能教授一些先进的科学知识；就是在家里，几乎所有的书也都被收缴出来烧掉了。但这丝毫也难不倒对学习有着强烈兴趣的小玛丽，她从不轻易放过任何学习的机会。有一次，她偶然发现父亲做教师时做的物理课讲义，竟也如饥似渴地读起来。因为年纪小，讲义中有很多知识搞不明白，她就缠着父亲一直问。父亲见她如此好学，自然也是倾囊相授[1]。就这样，待15岁中学毕业时，由于才学出众，玛丽获得了金质奖章。

只是，她却不能再继续上学了，因为沙俄统治下的波兰，大学是不允许招收女学生的；到法国巴黎留学，家里又拿不出那么多钱。中学毕业同样获得金质奖章的姐姐已在家待三年了，留学的愿望还没有实现呢。父亲因供不起女儿们上学而自责不已，懂事的玛丽一边劝父亲，一边和姐姐商量对策。最后决定，先由她做家教供姐姐去留学，待姐姐毕业后有了工作再供她去留学。就这样，姐姐拿着一家人七拼八凑[2]的钱去了巴黎，玛丽则留在波兰一边自主学习，一边开始四处做家教，给姐姐挣生活费，给自己积攒学费。

直到24岁时，玛丽才如愿以偿奔赴法国的巴黎大学。来到巴黎，玛丽先是住在姐姐家。因为姐姐家离学校较远，为了节省时间且有一个更安静的学习环境，玛丽搬到了学校附近的一间阁楼上。阁楼条件相当简陋，冬天又无法取暖，玛丽常常被冻醒，她不得不起来，把所有衣物都盖在身上，有时甚至把凳子都压在身上。玛丽生活极其简朴，每天仅以几片面包充饥，有几次连这也忘了，正在读书，突然昏倒，多亏同学发现及时通知了姐姐。

所有的艰苦都无法影响意志坚定的玛丽学习。她每天总是早早来到教室认真听老师讲课，晚上图书馆的灯熄了，她才回到自己的小屋继续攻读到凌晨两三点钟。短短两年，她连续获得物理学和数学两个硕士学位，最后以第一名的成绩从巴黎大学毕业，从此踏上自己梦寐以求[3]的科研之路。

好词解释

①倾囊相授：把所有的技能、知识都传授给学生。

②七拼八凑：把零碎的东西拼凑起来；引申为胡乱凑合。

③梦寐以求：睡梦中都想着寻找，形容迫切地希望着。

精彩句段分析

悲苦的童年经历，不仅磨炼出了玛丽顽强的意志，更让一颗爱国的种子深深埋藏在了她小小的心田里。

居里夫人小时候所遭遇的这份悲苦主要来源于家国的不幸。国土沦陷、生活艰难的逆境锤炼出她顽强的意志，更激发了她不屈的拳拳爱国心。

阅读收获

在居里夫人这段早期的成长经历里，我们看到的是不屈与顽强。正是这份不屈，使她一边做家教供姐姐继续读书，一边自学提高自己；正是这份顽强，使她终于进入大学之后，克服一切艰苦，倾尽全力地汲取知识。

读后问一问

沙俄统治波兰之后，为什么不让波兰的孩子学习波兰文化，说波兰话？

★ 爱因斯坦 [1879—1955]　　阅读关键词：坚持自我

美籍犹太人

成就：因理论物理方面的贡献，特别是发现光电效应定律而获得诺贝尔物理学学奖。创立狭义相对论和广义相对论。为核能的开发奠定基础。开创现代科学技术新纪元，是继伽利略之后最伟大的物理学家。

爱因斯坦笨人变巨人

爱因斯坦出生在德国的乌耳姆城，一年后随父母迁居到了慕尼黑。爱因斯坦的父母都是犹太人，父亲赫尔曼和叔叔雅各布合开了一个电器工厂。母亲是个受过中等教育的家庭妇女，非常喜欢音乐。

每个孩子的降临都会给父母带来无限的希望，同样，爱因斯坦也不例外。然而，父母对他的希望越大，失望就越大：3 岁多了他竟然还不会讲话，父母曾怀疑他是个哑巴，甚至担心他的智商是不是不够。所以，直到爱因斯坦 10 岁时，父母才把他送进学校。

正如父母所担心的那样，爱因斯坦在念小学时，学习成绩都非常一般，甚至经常考试不及格。由于他说话迟钝、举止缓慢，又不爱与人交往，老师和同学都不喜欢他。曾有老师当面说他长大后肯定不会成器，而且因为怕他在课堂上影响其他学生，竟想将他赶出校门。

但是，不善言辞[①]的爱因斯坦却是个很爱动脑筋的孩子。就在他四五岁的时候，父亲曾送给他一个罗盘。当他发现指针总是指着固定的方向时，感到非常惊奇，觉得一定有什么魔力存在。他一连几天玩着这个罗盘，并追着父亲和叔叔问个不停。尽管他连“磁”这个词都说不好，但他却顽固地想要知道指南针为什么能够指南。

爱因斯坦的叔叔是一个工程师，在电器工厂里主要负责技术方面的事务，非常喜爱数学。当小爱因斯坦来找他问问题时，他总是循循善诱[②]地把数学知识讲给他听。爱因斯坦不知不觉间已经迷上了数学。在叔叔这里，爱因斯坦不仅受到了科学和哲学的启蒙，更是第一次体会到了学习知识、探求真理的快乐。

爱因斯坦的父亲是一个乐善好施[③]的人，家里每周末都会邀请在慕尼黑念书的穷学生来吃饭。其中有一个学医的学生，名叫麦克斯，喜欢阅读，兴趣广泛。他被邀请来吃饭，并和小爱因斯坦成了好朋友。麦克斯经常从学校借一些通俗易懂[④]的自然科学普及读物给他看。这些科普读物不但增长了爱因斯坦的见识，而且使他的科学视野越来越宽阔。

彻底爱上了科学的爱因斯坦一发不可收。他在叔叔的引导下，很快自学完了中小学的数学；12 岁的时候，他已自学完了几何，继而向高等数学发起了冲锋。这个当初比几乎所有同龄人说话都晚的孩子，此刻掌握的知识却已远远超过他们。他再也不在乎别人怎么评价他，因为他把所有的精力都放在了攻克学习难关上了。16 岁时，他便考上了大学。

从爱因斯坦的成长历程中，我们不难看出，正是勤奋、正确的学习方法和少说空话这些优秀的品质，使爱因斯坦由一个笨家伙最终成长为一个巨人。

好词解释

①不善言辞：不善于表达，不知道怎么说出心里话。

②循循善诱：循循，有次序的样子。诱，引导。指善于引导别人进行学习。

③乐善好施：喜欢做善事，乐于拿财物接济有困难的人。

④通俗易懂：广大人民群众都能懂得。

精彩句段分析

他再也不在乎别人怎么评价他，因为他把所有的精力都放在了攻克学习难关上了。

当我们有了自己真正喜欢去做的事，当我们把心思放在了追逐梦想上，那些来自外界的评头论足、指指点点都会变得毫无意义。只有庸人才会为这些毫无意义的事自寻烦恼。

阅读收获

又一个“笨小孩”最终成才的故事。综观历史，我们就能看到，并不是所有的名人大家都是天才或天生就聪慧异常，他们甚至比大多数寻常的同龄人都要笨。他们之所以最后能够脱颖而出，正是因为他们有着兴许在所谓聪明人眼中的“笨方法”——勤奋刻苦、脚踏实地、执着痴迷、少说空话等。

读后问一问

班里有个笨小孩儿，学习成绩很不好，你会嘲笑或看不起他吗？

★ 杨振宁 [1922—]　阅读关键词：挑战自我

美籍华人

成就：诺贝尔物理学奖获得者。在粒子物理学、统计力学和凝聚态物理等领域做出里程碑级的贡献。提出非阿贝尔规范场理论、弱相互作用中宇称不守恒定律等，开辟量子可积系统和多体问题研究的新方向。

爱冒险的杨振宁

杨振宁出生在我国的安徽省合肥市。他的父亲是一个数学家。但是在年幼的杨振宁需要启蒙教育时，满腹学问的父亲并不在身边。父亲当时正在芝加哥大学留学，只有母亲和他住在一起。在这种情况下，只读过几年私塾的母亲便是他的启蒙老师。既便是这样，杨振宁在入小学之前也已经学会了三千多个汉字。

7 岁的时候，杨振宁跟随到清华大学任教的父亲来到北京。清华园里聚焦了一大帮大学教授、著名学者的子弟，杨振宁虽然初来乍到[①]，但他那天不怕地不怕的冒险性格，很快便使他成了这帮孩子的新头领，被小伙伴们称作“杨大头”。当时的他最喜欢的活动是骑自行车。他常常带着这帮子小伙伴儿，骑自行车玩“赛马”，在当时的清华校园中，经常可以看到他们风驰电掣[②]的身影。

不管玩的时候多么肆意，杨振宁的学习成绩在班里都是遥遥领先[③]。杨振宁似乎遗传了父亲对数学的天赋，对数字有着与生俱来的敏感，轻轻松松都能拿全班第一。

杨振宁是在崇德中学读的初中。崇德中学是一所教学质量很高的教会学校。此时的杨振宁也已不再是那个追求刺激的单车少年，而是开始专心于读书。正是在崇德中学读书期间，杨振宁首次接触到了后来影响他一生的物理学。而且，他在数学方面的突出才能也在这个时候逐渐显露出来。但作为数学教授的父亲并没有立刻教他学数学，而是让他先去学一些传统文化。暑假里，还专门邀请了一位历史系的学生来教杨振宁学《孟子》。杨振宁学得很快，最后能把《孟子》全文背诵出来。父亲的书架是个丰富的知识宝库，上面有许多英文和德文版的数学著作，杨振宁常常去翻看。因为外文基础不够，经常看不懂细节，每次去问，父亲总是和蔼地对他说："不要着急，慢慢来。"

要说起杨振宁与"诺贝尔奖"的故事，可以追溯到他 12 岁那年。12 岁那年的一天，他又在图书馆看书时，被一本名为《神秘的宇宙》的书吸引，这本书描述了奇妙的宇宙，更重要的是提到了当年获得"诺贝尔奖"的最新研究成果。杨振宁当时是第一次听说"诺贝尔奖"，也知道了获得这个奖项对于一个学科、对于全世界意味着什么。于是，他回家就对父亲说："将来有一天，我也要拿诺贝尔奖！"

后来的故事，大家都知道了。这个爱冒险的"杨大头"从小就敢作敢当[④]，自从 12 岁向父母发出"将来有一天，我也要拿诺贝尔奖"的豪言壮语之后，更是刻苦攻读，潜心研究。仅仅过了二十多年，他竟真的因为在物理学方面的突出成就，获得了"诺贝尔奖"，实现了自己年少时的诺言，成了获得该奖项的第一位华裔科学家。

好词解释

①初来乍到：刚刚来到。

②风驰电掣：驰，奔跑。掣，闪过。形容非常迅速，像风吹电闪一样。

③遥遥领先：远远地走在最前面（多指成绩、比赛等）。

④敢作敢当：敢，有胆量。敢于放手行事，敢于承担责任。

精彩句段分析

他常常带着这帮子小伙伴儿，骑自行车玩“赛马”，在当时的清华校园中，经常可以看到他们风驰电掣的身影。

谁的少年不“疯魔”？即便是著名的科学家，在自己的少年时代也是一个“不疯魔不能活”的冒险王。骑着自行车，像千军万马一样，在校园里呼呼地“飞”过，这是少年人特有的肆意、张狂与飞扬。

阅读收获

自古英雄出少年，多是因为少年人单纯、勇敢、无畏，所以他们不会瞻前顾后、畏首畏尾。少年有梦，就大声说出来。告诉全世界，然后放下一切的顾虑，付出一切的努力，勇敢向前冲。毫无疑问，少年杨振宁就是这样的一个追梦少年。

读后问一问

勇敢自信大声地说出你的梦想，与父母、老师和同学分享，让他们一起见证你追梦的过程，并为你加油。

★李政道 [1926—]　　　阅读关键词：意志坚定

美籍华人

成就：著名物理学家。与杨振宁一起，因发现弱作用中宇称不守恒定律而获得诺贝尔物理学奖。主要对量子场论、基本粒子理论、核物理、统计力学、流体力学、天体物理进行研究。

流浪求学的李政道

李政道出生在我国的江苏省苏州市，9 岁的时候，随父母去往上海读书。但是，在那个时候，因为中国政治腐败，外国列强在中国的土地上横行霸道[1]、为所欲为，当时的上海更是典型的半殖民地和冒险家的乐园，公园门口，“华人与狗不准入内”的标牌赫然入目……李政道 13 岁那年，下公共电车时不小心碰到了一个外国人，那个外国人竟找来巡警，将他暴打了一顿。这一切，都在李政道幼小的心灵里留下了深深的烙痕。

特别是 1941 年“珍珠港事件”爆发后，日军进入上海，对上海各界开始了各种高压统治，学校教学秩序也受到严重破坏。无奈，李政道的父亲就凑了一笔钱，让当时只有 15 岁的李政道赶紧逃离上海，取道杭州、富阳，穿过封锁线到西南地区的大后方去求学。只是，刚离开上海没多久，在兵荒马乱[2]的逃难路途中，李政道就把盘缠给弄丢了。是回上海在敌人的黑暗统治下接受父母双翼的誓死保护，还是义无反顾地奔向新学堂？少年李政道毫不犹豫地选择了后者，当然也选择了流浪。

由于路途遥远，缺乏路费，少年李政道一路上过的几乎是流浪生活，大部分路程只能依靠步行。很难想象，一个十多岁的少年，在那兵荒马乱、举目无亲[③]、缺少盘缠的情况下，只身一人，千里迢迢[④]到一个陌生的地方，这一路所要经历的是怎样的艰辛。在那两年近乎流浪的日子里，他得过恶性疟疾，经常高热不退，还生了一身疥疮，实在是痛苦不堪。然而，即使在如此困苦的境遇中，随身携带的书籍都始终没有离开过他。

当他流浪至江西的赣州时，因为病得厉害，实在走不动了，就住进了当地为流浪学生设立的收容所，进入为像他一样因病暂时无法继续西迁的学生设立的联合中学。在这里，李政道如饥似渴地学习知识，他在数理方面的天赋，此时也逐步得到显现。学校师资力量匮乏，因为成绩突出，少年李政道除了学习自己的高中课程之外，还被学校破例请来做低年级学生的数学、物理老师。

贫穷、疾病、孤独以及随时可能在空袭中丧生的恐惧，笼罩着这个十多岁的少年。但生活中也不全都是绝望。17 岁那年，为了能够进入更高一级的学府进行深造，李政道决心离开赣州奔赴贵阳。于是，新一段流浪求学历程开始了。为了避开敌占区，李政道从江西经广东进入广西，再从广西转入贵州。山道崎岖，但希望终究在前方。当年的 8 月底，他终于抵达了贵阳。在那里，他顺利考入浙江大学电机系。那一刻，他忍不住流下了热泪，背井离乡，风餐露宿，疾病饥饿，多少艰难困苦，所有的付出，终于都得到了回报。

好词解释

①横行霸道：横行，行动蛮横，仗势做坏事。霸道，蛮不讲理。依仗权势为非作歹。

②兵荒马乱：荒、乱，指社会秩序不安定。形容战争期间社会混乱不安的景象。

③举目无亲：抬起眼睛，看不见一个亲人。比喻单身在外，人地生疏。

④千里迢迢：迢迢，遥远的样子。形容路途遥远。

精彩句段分析

贫穷、疾病、孤独以及随时可能在空袭中丧生的恐惧，笼罩着这个十多岁的少年。但生活中也不全都是绝望。

只身流浪的少年遭遇着穷困、疾病与孤独的侵袭，还有残酷的战争随时都可能夺去他的生命。还能有比这更糟糕的成长环境吗？可是，即便是这样，少年的眼中还有光，对未来还是抱着希望。

阅读收获

本篇故事主要讲述了科学家李政道在自己的少年时期，经历的那段流浪求学的往事。战火纷飞的年代里，这个国家连一张安静的书桌都无法保证。为了追求知识，少年追着光勇敢踏上流浪远行的路途。那份为了学习、进步，坚毅、勇敢、义无反顾向前冲的精神值得我们好好学习。

读后问一问

结合故事内容，你能以时间、地点为序，复述一下李政道流浪求学的经过吗？

★ 霍金 [1942—2018] 阅读关键词：特立独行

英国人

成就：著名物理学家。主要研究领域是宇宙论和黑洞，证明了广义相对论的奇性定理和黑洞面积定理，提出了黑洞蒸发理论和无边界的霍金宇宙模型，在统一相对论和量子力学方面走出了重要一步。

散养成才的霍金

霍金出生于英国的牛津，父母全毕业于牛津大学，父亲主修医学，母亲学习哲学、政治学和经济学。

小时候的霍金行动缓慢，反应有些迟钝，而且，还和他的父亲弗兰克有点儿像，说话都吐字不清，旁人几乎听不懂他们在说什么。同学们笑霍金说的是“霍金语”。在学校，霍金的表现并不突出，甚至时常因为作业写得“很不整洁”，被老师视作无可救药[①]的学生；即便是后来情况有所改观，但他的学习成绩在班里也从来没有进过前十名。

虽然在学校成绩不好，不受老师同学的喜欢，但在家里，他却有着极大的自由，从小到大得到的都是父母的优待。

霍金家的房子基本没怎么装修，家具也不多，但到处堆着的都是书啊、画啊，还有不知道从哪儿搜罗来的奇石、标本，地下室还养了蜜蜂……全家人最爱的集体活动就是看书，甚至吃饭时都在看书，遇上精彩的内容还叽哩呱啦地聊几句心得。

而且，一家人不约而同[②]地都特别喜欢讨论些关于宇宙、哲学、世界的话题……左邻右舍觉得这一家老小很是奇葩。

在这样一个特立独行[③]的家庭中长大，霍金有着绝对的自由，喜欢拆东西就拆东西，喜欢躲在房间里发呆就发呆，喜欢在博物馆待着就待着……所以，童年时期，小霍金就对万事万物如何运行产生了兴趣，他喜欢玩具火车、轮船和飞机，喜欢探究它们是怎样运行的。尽管他把东西拆开进行一番穷根究底之后，对再把它们组装回去每每都是束手无策[④]，不过，他的父母并没有因此而责罚他，他的父亲甚至还给他当起了"教练"，顺便给他讲解了不少物理知识。

父母给的这种自由到了霍金的中学时代，依然存在。中学之后的霍金最喜欢设计游戏，棋局游戏是最基本的。除此之外，他还设计过制造业游戏，有工厂、铁轨、股票市场；还有战争游戏，每一个玩家都有家谱可查，整个王朝井然有序……迷宫也是霍金的大爱，他设计的迷宫游戏有时得花一个晚上才玩得出结果。

但父母对霍金也有要求，就是要他坚信知识改变命运，一定要考上剑桥或是牛津，而且还要拿奖学金，因为家里没钱。霍金家也确实不富裕。他的父亲本就是穷孩子出身，他的奶奶为供孩子读书，干脆自己办了一所学校，一边挣钱一边养出了他牛津大学毕业的父亲；他的母亲家里就更穷了，十几个兄弟姐妹，能一个个养大成人已是很不容易了。

关于考大学，霍金的父亲是希望霍金去学医。17 岁的霍金拿到奖学金，进入牛津大学读书时，最初读的也确实是医学。但渐渐地，他发现自己并不喜欢生物医药，而且医学院里也不设数学课，最后他就自己申请转到了物理学院，并从此真正走进了物理科学的领域。

好词解释

①无可救药：药，治疗。病已重到无法用药医治的程度。比喻已经到了无法挽救的地步。

②不约而同：约，相约。事先没有约定而相互一致。

③特立独行：特，独特。立，立身。形容人的品行高洁，不同流俗。

④束手无策：策，对策，办法。遇到问题，就像手被捆住一样，一点办法也没有。

精彩句段分析

虽然在学校成绩不好，不受老师同学的喜欢，但在家里，他却有着极大的自由，从小到大得到的都是父母的优待。

虽然在学校学习不好，但父母还是对他很好。这样的父母是不是孩子们眼中的“别人家的父母”？是不是很少见？确实，这对独一无二的父母培养出了独一无二的霍金。

阅读收获

从霍金的少年成长故事里，我们看到一个关键词，那就是“自由”。父母给了霍金最大的成长自由，这可不是每对父母都能拥有的魄力。但我们同样不能忽视，父母在给霍金自由的同时，也给予了他最科学的引导。这不是每对父母都能具备的能力。如果没有这样的父母，那我们只能自己加油了。加油吧，少年！

读后问一问

你是喜欢霍金的父母，还是喜欢你自己的父母？把你的答案和父母交流一下，听听他们怎么说。

快乐闯关

小朋友们，读完了这部分内容之后，你对世界科技史上的著名科学家是不是有了更多的了解呢？既然如此，那快来“快乐闯关”，检验一下你是否真正了解了他们吧。

对号入座：把下列科学家的国籍以及他们各自的突出贡献梳理一下。检验一下你对这些科学家的了解有多少吧。

牛顿	力学之父	波兰人
瓦特	电学之父	瑞典人
高斯	数学王子	
霍金	发明炸药	俄国人
哥白尼	天空立法者	英国人
伽利略	提出相对论	
开普勒	发明蒸汽机	美国人
法拉第	现代科学之父	德国人
达尔文	发现万有引力	
诺贝尔	提出“日心说”	古希腊人
杨振宁	提出生物进化论	意大利人
爱迪生	提出黑洞蒸发论	
阿基米德	发现钋和镭元素	美籍华人
爱因斯坦	发明电灯和留声机	法籍波兰人
居里夫人	制作第一张元素周期表	
门捷列夫	提出非阿贝尔规范场理论	美籍德国人